Aufstieg und Ausstieg

Kirsti Dautzenberg · Doris Fay
Patricia Graf (Hrsg.)

Aufstieg und Ausstieg

Ein geschlechterspezifischer Blick auf
Motive und Arbeitsbedingungen
in der Wissenschaft

Springer VS

Herausgeber
Dr. Kirsti Dautzenberg
Berlin, Deutschland

Dr. Patricia Graf
Brandenburgische Technische Universität
Cottbus, Deutschland

Prof. Dr. Doris Fay
Universität Potsdam, Deutschland

Diese Publikation wird aus Mitteln des Bundesministeriums für Bildung und Forschung und aus dem Europäischen Sozialfonds der Europäischen Union gefördert.

GEFÖRDERT VOM

 Bundesministerium für Bildung und Forschung

 Europäischer Sozialfonds für Deutschland

 EUROPÄISCHE UNION

ISBN 978-3-531-19708-1   ISBN 978-3-531-19709-8 (eBook)
DOI 10.1007/978-3-531-19709-8

Die Deutsche Nationalbibliothek verzeichnet diese Publikation in der Deutschen Nationalbibliografie; detaillierte bibliografische Daten sind im Internet über http://dnb.d-nb.de abrufbar.

Springer VS
© Springer Fachmedien Wiesbaden 2013

Redaktion: Wolfgang Seifert
Lektorat: Dr. Cori Antonia Mackrodt, Katharina Gonsior

Gedruckt auf säurefreiem und chlorfrei gebleichtem Papier

Springer VS ist eine Marke von Springer DE. Springer DE ist Teil der Fachverlagsgruppe Springer Science+Business Media.
www.springer-vs.de

Vorwort

Frauen sind aus dem deutschen Wissenschaftssystem nicht mehr wegzudenken: Mehr als die Hälfte der Studienanfänger ist weiblich, und Wissenschaftlerinnen sind in allen Forschungsbereichen mit namhaften Beiträgen beteiligt. Nichtsdestotrotz ist das Berufsfeld nach wie vor stark segregiert. Frauen treten zwar vermehrt in das Wissenschaftssystem ein, aber nur wenigen gelingt dort auch der Aufstieg. Dieses Bild findet sich in den Einrichtungen deutscher Spitzenforschung, den außerhochschulischen Forschungseinrichtungen, sogar noch eklatant zugespitzt. Diese sind in hohem Maße von einem Ungleichgewicht zwischen Männern und Frauen in Führungspositionen geprägt (Graf, Dautzenberg, Büttner, und Schmid 2011). Dabei könnte man doch vermuten, dass Frauen, ausgehend von ihrem hohen Bildungsniveau und dank der zunehmenden Verfügbarkeit struktureller Unterstützung (z.B. Coaching- und Mentoringprogramme), beste Chancen auf Führungspositionen haben sollten. Wieso aber finden wir sie dort kaum?

Der vorliegende Sammelband strukturiert seine Beiträge entlang dreier Gruppen von Faktoren, die beruflichen Laufbahnerfolg vorhersagen: *WISSEN*, was zum Karrieremachen gehört, Karriere machen *WOLLEN,* und *SITUATIONS-* oder *KONTEXTFAKTOREN*, die Karrieren befördern oder behindern können (dazu Fay und Hüttges in diesem Band). Die einzelnen Beiträge adressieren Fragen von Karrierewissen und Ausstiegsmotivation, welche durch Interviews mit „Aussteigerinnen" ergänzt werden. Eine vertiefte Bearbeitung erfahren in diesem Band die Kontextfaktoren, unter denen Karrieren stattfinden. Speziell in den Naturwissenschaften sind Forschende oft in projektbezogenen Teams organisiert, welche als Arbeitssituation eine besondere Mischung aus Unterstützung und Konkurrenz darstellen. Des Weiteren werden Forschungseinrichtungen als „Organisationen" mit ihren verschiedenen, mehr oder weniger stark verzahnten Ebenen unter die Lupe genommen. Die Darstellung eines Teamtrainings, welches im Rahmen des Projekts entwickelt wurde, greift alle drei Faktoren auf. Das abschließende Kapitel versucht sich in Handlungsempfehlungen für die verschiedenen an Forschung und Wissenschaft beteiligten Gruppen.

Grundlage des Sammelbandes ist das vom Bundesministerium für Bildung und Forschung (BMBF) und dem Europäischen Sozialfonds (ESF) geförderte Projekt „Frauen und ihre Karriereentwicklung in naturwissenschaftlichen Forschungsteams" (BMBF-Förderlinie „Frauen an die Spitze", Förderbereich „Strategien zur Durchsetzung von Chancengleichheit für Frauen in Bildung und Forschung"). Die interdisziplinäre Zusammenarbeit an der Universität Potsdam zwischen dem Lehrstuhl für Innovationsmanagement und Entrepreneurship und der Professur für Arbeits- und Organisationspsychologie unter dem Dach des Potsdam Transfer zielte darauf ab, die Hintergründe geschlechtsspezifischer Karriereverläufe in der außerhochschulischen naturwissenschaftlichen Forschung aus der Perspektive der dort etablierten Organisationsstrukturen genauer zu verstehen. Dazu wurden sechs Primärstudien mit qualitativer und quantitativer Methodik durchgeführt (siehe Dautzenberg, Fay, Graf, Hüttges, und Schmid in diesem Band), die die Datengrundlage dieses und eines schon veröffentlichten Sammelbands (Dautzenberg, Fay, und Graf 2011) bilden.

Der vorliegende Sammelband wäre ohne zahlreiche helfende Hände und Unterstützung von vielen Seiten nicht möglich gewesen. Wir danken Prof. Dr. Dieter Wagner, Direktor von Potsdam Transfer, für die Übernahme der wissenschaftlichen Leitung des Projekts und für seine Unterstützung der Projektinhalte. Die Verwaltung von Drittmittelprojekten ist stets mit Herausforderungen behaftet – wir danken Herrn Frank Oertel, Projektassistenz, sich diesen beständig gestellt zu haben. Ebenso sei Dank an unsere engagierten Hilfskräfte Linnea Andersson, Anne Seemann und Björn Heinrich gerichtet.

Für das Lektorat konnten wir Wolfgang Seifert gewinnen. Wir danken ihm für seine umsichtige und wissenschaftlich fundierte Betreuung unseres Buches, ohne die dieses Werk zum Projektende nicht zu stemmen gewesen wäre.

Unerlässlich für die gewonnenen Einsichten war die Unterstützung vieler Wissenschaftlerinnen und Wissenschaftler sowie Verantwortlicher in Personal und Verwaltung der außerhochschulischen Forschung, die uns im Rahmen von Interviews, Teamtrainings und Befragungen einen umfangreichen Einblick in die dortige berufliche Situation ermöglichten.

Schließlich bedanken wir uns für die kritische und konstruktive Begleitung und den Dialog mit der Praxis bei unserem Projektbeirat, Prof. Dr. Ulrike Busolt, Astrid Gussenstätter, Prof. Dr. Birgit Kamm, Dr. Bärbel Kerber, Prof. Dr. Carmen Leicht-Scholten, Prof. Dr. Inken Lind sowie Dr. Alexander Rudloff. Ein

weiterer Schritt zur Verbreitung der Projektergebnisse fand durch die Abschluss-
tagung des Projekts im September 2012 statt. Wir danken den Referentinnen
Dr. Hildegard Matthies und Sabine Korek, unseren Diskutantinnen Ellen Hilf
und Prof. Dr. Inken Lind sowie den Mitgliedern des Podiums Ministerialrätin
Christina Hadulla-Kuhlmann, Dr. Katharina Marquardt und Barbara Schrul.
Ihnen sei ebenso gedankt wie den zahlreichen Gästen aus Wissenschaft, Politik
und Wirtschaft, die durch ihre konstruktiven Kommentare und Beiträge unseren
Blickwinkel nochmals geschärft haben.

Potsdam   Kirsti Dautzenberg, Doris Fay und Patricia Graf

Inhalt

P = f [KSA × M × S]

Doris Fay / Annett Hüttges

Es sind vermutlich eher Mathematikbücher, die sich den Einstieg mit einer Formel erlauben. Obwohl dies kein naturwissenschaftliches Buch ist, sondern eines *über* Naturwissenschaften, gehen wir diesen Weg, um unsere Zielstellung zu illustrieren. Anliegen dieses Buches ist, einen Beitrag zur Erklärung geschlechterdifferenter Berufs- und Karriereverläufe zu liefern. Die auf John Campbell und Kollegen zurückgehende Formel zu beruflicher Leistung erlaubt es, die zahlreichen Faktoren, die den potentiellen beruflichen Aufstieg von Nachwuchswissenschaftlerinnen und Nachwuchswissenschaftlern beeinflussen, geordnet darzustellen (Campbell et al. 1993).

Nach Campbell ist berufliches Leistungsverhalten (P = „Performance") eine Funktion dreier Determinanten: erstens der *KSA* = „Knowldege, Skills, Abilities" – also dem Wissen, der Fertigkeiten und Fähigkeiten; zweitens der Motivation (M), ein Leistungsverhalten zu zeigen; und drittens eine Funktion der situationalen Gegebenheiten *(S)*, die das Zeigen des Leistungsverhaltens mehr oder weniger stark begünstigen können. Die Leistung einer Technikerin beispielsweise, die den Auftrag hat, einen Kopierer beim Kunden zu reparieren, ist nach dieser Formel determiniert durch ihr Wissen über Aufbau und Funktionsweise des spezifischen Kopierers, ihren Fertigkeiten und Fähigkeiten, dieses Wissen in der Reparatur zur Anwendung zu bringen (KSA); ihrer Motivation, den Kopierer zu reparieren (statt zu versuchen, dem Kunden einen neuen Kopierer zu verkaufen); und letztlich bestimmt durch situationale Gegebenheiten wie der Verfügbarkeit von Werkzeugen und Ersatzteilen. Die drei Determinanten – KSA/M/S – sind multiplikativ miteinander verknüpft, so dass das Leistungsverhalten ausbleibt, sobald einer der Faktoren gen Null tendiert: Wenn die Technikerin zwar wüsste, wie der Kopierer zu reparieren wäre, sie aber nicht motiviert ist, dies zu tun, dann wird die gewünschte Leistung nicht zustandekommen.

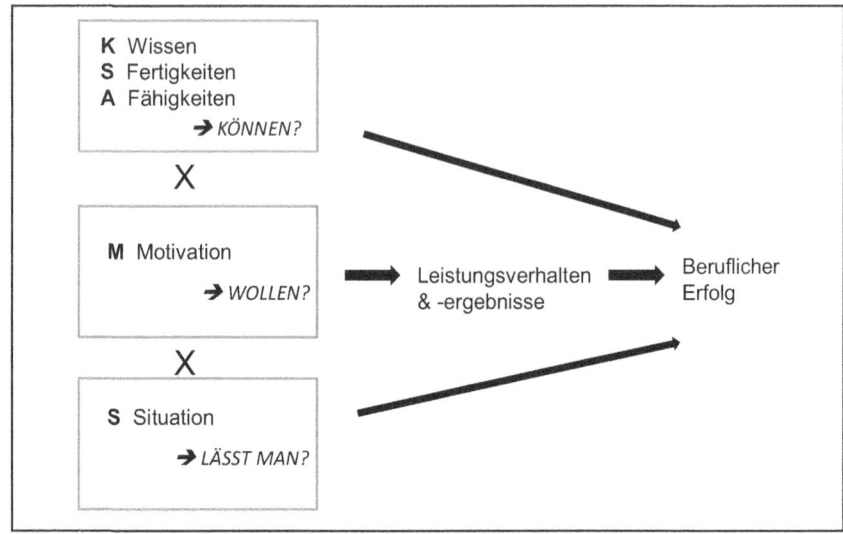

Abbildung 1: Modell beruflicher Leistung und Erfolg (vgl. Campbell et al. 1993)

Diese Formel, zur Beschreibung von allgemeinem beruflichem Leistungs-verhalten entwickelt, modifizieren wir, um sie für diesen Band auf den spezifi-schen Bereich des beruflichen Erfolges zu übertragen. Dabei konzentrieren wir uns auf Erfolg in klassischer Hinsicht: dem „Karrieremachen", also dem beruf-lichen Aufstieg. Er ist definiert als eine berufliche Entwicklung „in which a per-son moves upward through a series of positions that require greater mastery and responsibility, and that provide increasing financial return" (Perlmutter und Hall 1992 in Arnold 2001, S. 116). Durch die Analyse von KSA, Motivation und Situation gehen wir der Frage geschlechterdifferenter Berufsverläufe nach und nutzen die modifizierte Formel als Ordnungsheuristik für das Buch.

1 Geschlechterdifferente Berufsverläufe: Ein längst überlebtes Problem?

Leider nein. Trotz vielfältiger Anstrengungen aus politischer und wirtschaftlicher Richtung, die in Gleichstellungsmaßnahmen, Förderprogrammen und Selbstver-pflichtungen mündeten, zeigen Frauen und Männer auch im 21. Jahrhundert unterschiedliche Berufsverläufe. Frauen stellen in fast allen Sektoren einen äußerst geringen Anteil an Führungskräften. Dieses Muster findet sich in der Privatwirtschaft sowohl in Spitzenpositionen (Holst und Busch 2012 zu Aufsichtsräten und Vorständen der Top-200-Unternehmen) als auch auf der Ebene mittlerer Führungspositionen, und es tritt ebenso ungeachtet der Branche oder Unternehmensgröße (Kohaut und Möller 2010), privatem oder öffentlichem Arbeitgeber (Kleinert 2011) auf. Selbst in denjenigen Unternehmen, die Sinnbild von Modernität sind – Facebook, Twitter, Amazon – sind Frauen in den Verwaltungsräten noch mit der Lupe zu suchen (Auletta 2011).

Das Bild ist auch in Forschungs- und Bildungseinrichtungen nicht anders. Zwar hat es seit den 1990er Jahren insgesamt einen Aufwuchs an Frauen in den Leitungs- und Führungspositionen gegeben, doch noch immer sind Frauen deutlich unterrepräsentiert (Gemeinsame Wissenschaftskonferenz 2011; Hüttges und Fay 2011). An Hochschulen werden nur 19,4 % bzw. 10,3 % der Spitzenpositionen (bezogen auf W3- und C4-Professuren) von Frauen eingenommen. Betrachtet man die außerhochschulischen Forschungseinrichtungen, verstärkt sich diese Schieflage noch: Dort werden die höchsten Positionen nur in 5,6 % (C4-Professur) bzw. 8,4 % (W3-Professur) der Fälle von Frauen ausgefüllt (Graf et al. 2011, S. 24, Abb. 3). Diese Zahlen zeigen auf, dass geschlechterdifferente Berufsverläufe noch längst kein überlebtes Problem sind, sondern ungeminderte Realität. Verlaufsanalysen weisen darauf hin, dass sich dieses Problem keinesfalls von alleine lösen wird, weil Frauen ja nur noch „durchwachsen" müssten: Während 1986 noch um die 40 % der Studienanfänger und Studienanfängerinnen weiblich waren und sich sechs Jahre später unter den Abschließenden ein vergleichbarer Anteil an Frauen befand, werden weitere 13 Jahre später nur noch um die 20 % der berufenen Professoren von Frauen gestellt (Lind und Löther 2007).

Dieses Buch geht der Frage nach, wieso Frauen im Forschungsbetrieb einen so geringen Anteil an Spitzenpositionen innehaben. Wir konzentrieren uns dabei aus drei Gründen auf die *außerhochschulische,* vorwiegend naturwissenschaftliche Forschung. Erstens scheinen die Unterschiede, wie oben aufgeführte Zahlen nahelegen, dort besonders eklatant zu sein; zweitens sind die organisationalen Rahmenbedingungen mit ihren Leistungs- und Beförderungsmechanismen von denen der Hochschulen zu unterscheiden und damit einer separaten Betrachtung wert. Drittens handelt es sich bei der außerhochschulischen Forschung um diejenige, in der international konkurrenzfähige Spitzen- bzw. Zukunftsforschung betrieben wird. Die Einrichtungen konkurrieren weltweit um die besten Köpfe. Die Gewinnung bzw. das Halten von Wissenschaftlerinnen im Forschungsbetrieb ist hier nicht nur eine Frage der Chancengerechtigkeit, sondern auch eine der Wettbewerbsfähigkeit.

2 Theoretische Zugänge zu geschlechterdifferenten Berufsverläufen: „Contest Mobility" und „Sponsored Mobility"

Die unterschiedlichen Fachdisziplinen erklären das Phänomen der geschlechterdifferenten beruflichen Erfolge mit vielfältigen Prozessen (vgl. Graf 2011; Hüttges und Fay 2011). Wir nutzen hier die Formel beruflicher Leistung (P = f [KSA × M × S]), da sie es erlaubt, die Erkenntnisse und Ansätze verschiedener Fachdisziplinen zu berücksichtigen. Dass die Formel, die erst einmal sehr eng und individualpsychologisch zu sein scheint, doch nützlich in diesem Kontext einzusetzen ist, lässt sich aus der Bedeutsamkeit der Komponenten in Modellen des Karriereerfolges ablesen.

Die zwei wichtigsten Modelle des Karriereerfolges werden durch die „Contest-Mobility"- und die „Sponsored-Mobility"-Theorie gestellt. Die „Contest-Mobility"-Perspektive betrachtet das berufliche Feld als eines, in dem Aufstieg auf der Grundlage eines Wettbewerbs stattfindet. Aufstiegsmöglichkeiten sind begrenzt, so dass Arbeitende um attraktivere Positionen konkurrieren. Es gewinnt den Wettbewerb, wer die meisten Beiträge zu den organisationalen Zielen liefern kann, wer also am meisten leistet. Wer den Leistungswettbewerb („Contest") gewinnt, darf sich auf der Karriereleiter nach oben bewegen („Mobility"). Diese Perspektive auf beruflichen Aufstieg hat einen fast sportlichen Charakter: Es geht um einen fairen Wettbewerb, in dem alle die gleiche Chance haben.

Eine große Anzahl von Forschungsarbeiten hat sich der Frage gestellt, welche individuellen Faktoren in diesem Wettbewerb von Vorteil sind. Die Ergebnisse zeigen, dass neben der eigentlichen Arbeitsleistung auch das „Humankapital" – also Fachwissen, berufliche Expertise, Erfahrung – und verschiedene motivationale Variablen, etwa Selbstwirksamkeitserwartung, aufstiegsförderliche Faktoren darstellen (vgl. dazu die Meta-Analyse von Ng, Eby, Sorensen, et al. 2005). Übersetzt man dieses Modell in die Konzepte der Campbell'schen Formel, ist beruflicher Aufstieg eine Folge von Leistungsverhalten (P), Humankapital (KSA) und Motivation (M).

Einen alternativen Zugang zu beruflichem Aufstieg stellt das „Sponsored-Mobility"-Modell dar. Aus dessen Perspektive steigen diejenigen auf, die protegiert und gefördert werden. Die Vorstellung des fairen, leistungsbezogenen Wettbewerbs um Aufstieg wird zugunsten eines Prozesses des „Gefunden-und-gefördert-Werdens" zurückgestellt. Eine Person wird beruflich aufsteigen, wenn ihr von anderen, einflussreichen Personen ein hohes Potential zugeschrieben wird. Wird eine Person als mögliche Leistungsträgerin wahrgenommen, in die es zu investieren lohnt, wird sie ge-„sponsored". Diese Förderung kann sich in allen Spielarten des Mentoring und Protegierens äußern; sie beeinflussen letztlich den beruflichen Aufstieg („Mobility") und Erfolg (Kammeyer-Mueller und Judge 2008). Nach dem Sponsored-Mobility-Ansatz steigen also diejenigen auf, die von Mächtigen gefunden und in eine zu fördernde Elite integriert werden.

Welche Faktoren tragen dazu bei, als „förderwürdig" wahrgenommen zu werden? Ähnlich dem Contest-Mobility-Ansatz sind sicherlich sowohl ein hohes Leistungsverhalten (= P) als auch berufliche Expertise und Fähigkeiten (= KSA) relevante Faktoren, um als Potential erkannt zu werden. Aber nicht nur Leistung oder die Expertise an sich spielen eine Rolle. Die Sichtbarkeit der Leistung und deren Attributionen – können Förderinnen und Förderer die Leistung sehen, und wem schreiben sie sie zu – sind Prozesse von nicht zu unterschätzender Relevanz (Heilman 2001). So titeln z.B. Deaux und Emswiller (1974) „what is skill for the male is luck for the female" und zeigen in ihren Studien auf, dass Frauen als weniger kompetent wahrgenommen werden, auch wenn sie in einer Aufgabe vergleichbar erfolgreich wie Männer abgeschnitten haben.

Darüber hinaus sind noch Faktoren bedeutsam, die keinerlei Leistungsbezug haben. Die sozialpsychologische Forschung weist wiederholt nach, welche Rolle die Ähnlichkeit von Menschen in sozialen Kontexten spielt: Von Personen, die uns im Hinblick auf Interessen, Werten und Einstellungen ähnlich sind, fühlen wir uns stärker angezogen. Sogar Ähnlichkeit hinsichtlich äußerlicher Merkmale – Geschlecht, Ethnizität – führt zu einer stärkeren Attraktivität anderer. Im Arbeitskontext zeigte sich, dass der Grad an Ähnlichkeit ein wichtiger Prädiktor für die Qualität der Beziehung zur Führungskraft ist: Liden, Wayne und Stilwell (1993) wiesen nach, dass die Ähnlichkeit in der Persönlichkeit einer unterstellten Person mit ihrer Führungskraft die Qualität der Beziehung signifikant beeinflusst. Was noch schwerer wiegt ist, dass dasselbe auch für das Geschlecht von Führungskraft und unterstellter Person gelten kann (Green, Anderson, und Shivers 1996). Verkürzt bedeutet dies für eine unterstellte Person folgendes: Je ähnlicher sie den vorhandenen Führungskräften (also potentiellen Förderern und

Mentoren) ist, desto besser ist ihre Beziehung zu ihnen. Dies erhöht wiederum die Wahrscheinlichkeit, dass sie von Mächtigen „gefunden" und in den Genuss von Förderung kommen wird.

Damit führt der Sponsored-Mobility-Ansatz den Karriereerfolg eher auf situative Faktoren zurück, da die wesentlichen Faktoren – Führungskräfte, Mentorinnen und Mentoren, Klarheit von Zielen – zur Situation zu zählen sind. Im Unterschied zum Contest-Mobility-Ansatz, der von fairen Bedingungen ausgeht, in dem jeder-seines-Glückes-Schmied ist, ist beim Sponsored-Mobility-Ansatz die Chancengleichheit sicherlich nicht durchgängig gewährleistet. Stellt man sich einen Arbeitskontext vor, in dem die Führungskräfte mehrheitlich durch „Weiße" gestellt wird, ist die Chance einer *Person of Color,* als Potential erkannt zu werden, aufgrund geringerer Ähnlichkeit mit den potentiellen Förderern geringer.

3 Rahmenmodell des Buches

Die beiden Karrieremodelle Contest-Mobility und Sponsored-Mobility greifen, zusammen betrachtet, in ihrer Erklärung für beruflichen Aufstieg auf alle Determinanten der Campbell'schen Leistungsformel zurück, so dass wir diese als geeignet betrachten, unsere Forschungsansätze und -ergebnisse zu strukturieren. Unser Gesamtmodell ist in Abbildung 1 dargestellt. Nach diesem ist beruflicher Aufstieg – das Ergreifen von beruflichen Positionen mit zunehmender Verantwortung und Freiräumen (vgl. Arnold 2001) – eine Folge der im Beruf erbrachten Leistungen. Die berufliche Leistung besteht aus verschiedenen Komponenten: Man unterscheidet das Leistungs*verhalten* an sich – wozu bei Möbelverkäuferinnen und Möbelverkäufern beispielsweise die Häufigkeit und Qualität von Verkaufsgesprächen zählt, bei Wissenschaftlerinnen und Wissenschaftlern die Anzahl der durchgeführten Experimente und der geschriebenen Manuskripte – von den Leistungs*ergebnissen.* Diese entsprächen im Möbelverkauf dem tatsächlichen Umsatz und im Wissenschaftsbereich der Anzahl der tatsächlichen Veröffentlichungen. Leistung beeinflusst die Möglichkeiten des beruflichen Aufstiegs. Die Leistung wiederum ist nach Campbell eine Funktion von KSA × M × S. Wir gehen davon aus, dass der berufliche Aufstieg nicht nur eine Folge von Leistung ist, sondern dass KSA/M/S auch direkt einen Einfluss auf den Aufstieg haben. Wenn beispielsweise unsere vorgenannte Technikerin kontinuierlich eine hohe Leistung (P) zeigt, die Unternehmenskultur (S) jedoch eine Beförderung aufgrund von Seniorität statt Leistung bestimmt, wird trotz hoher Leistung kein Aufstieg zur Teamleiterin erfolgen.

Im Folgenden diskutieren wir – unter kursorischer Berücksichtigung des Forschungsstandes – die Determinanten des beruflichen Aufstieges. Dabei gehen wir der Frage nach, ob geschlechterdifferente Berufsverläufe in der Forschung durch Unterschiede in KSA, M, S und P erklärt werden können und welche Beiträge unsere Forschung für diese Bereiche leisten kann.

3.1   KSA und P: Können Frauen es? Oder fehlt es ihnen an „Wissen", um das Richtige zu „können"?

Dass Frauen es „können", also über Wissen und Fähigkeiten verfügen, um hohe Leistung zu erbringen, zeigen beispielsweise die Schulabschlussnoten, die Anzahl der Hochschulzugangsberechtigungen oder Studiumsabschlussquoten (Gemeinsame Wissenschaftskonferenz 2010). In den MINT-Fächern gibt es kaum Unterschiede in den Abschlussnoten (Falk 2010). Frauen stehen also in diesen wissens- und fähigkeitsbasierten Bereichen den Männern in nichts nach. Auch bei arbeitsbezogenen Wissens- und Leistungstests gibt es kaum spürbare Unterschiede (Roth, Buster, und Barnes-Farrell 2010). Eine Meta-Analyse legt nahe, dass es so gut wie keine nennenswerten Leistungsunterschiede im beruflichen Kontext zwischen Frauen und Männern gibt: Die empirisch gesicherten Unterschiede sind sehr klein und weisen sogar auf minimal stärkere Leistung bei Frauen hin (Roth, Purvis, und Bobko 2012). Diese Ergebnisse legen nahe, dass es nicht am „Können" der Frauen liegt, dass sie nicht weiterkommen.

Allerdings ist für den beruflichen Aufstieg nicht nur das Fachwissen und -können relevant, sondern auch laufbahnbezogenes Wissen, hier als „Karrierewissen" bezeichnet. Darunter ist solches Wissen zu verstehen, welches beschreibt, auf welches Leistungsverhalten und welche Leistungsergebnisse es tatsächlich für einen beruflichen Aufstieg ankommt. Was sind in den einzelnen Karrierestufen die entscheidenden Leistungskriterien? Dass eine wissenschaftliche Karriere nicht auf „Kaffeekochen" und „Protokollführen" fußt, ist sicherlich klar, aber welches sind die wichtigsten wissenschaftlichen Leistungskriterien? Der Beitrag von Fay, Hüttges und Graf in diesem Band widmet sich der Frage, ob Unterschiede in den beruflichen Verläufen durch Unterschiede im Karrierewissen zu erklären sind.

3.2   Motivation: Wollen Frauen überhaupt?

Sind Frauen unterrepräsentiert, weil sie am beruflichen Aufstieg eigentlich kein Interesse haben? Verschiedene Untersuchungen weisen darauf hin, dass sich Männer und Frauen in berufsbezogenen Präferenzen und Wertungsmustern unterscheiden (z.B. Konrad, Ritchie, Lieb, et al. 2000; Warr 2008). Daraus wird manchmal die Erklärung abgeleitet, dass Frauen aufgrund individueller Präferenzen bewusst und gewollt keinen beruflichen Aufstieg anstreben, dass also eine Selbstselektion stattfindet. So schrieb Lisa Belkin in der New York Times (2003) „Why don't women run the world? Maybe it's because they don't want to" (vgl. hierzu auch Hoobler, Lemmon, und Wayne in print). Allerdings gibt es, auch bei bestehenden Unterschieden, Befunde die *gegen* diese Interpretation sprechen. Beispielsweise lassen sich geschlechtsbezogene Unterschiede sogar *innerhalb* der Gruppe der Führungskräfte finden. In einer US-amerikanischen Studie wurden Führungskräfte nach der Wichtigkeit verschiedener Berufsmerkmale für ihre Karrierezufriedenheit befragt. Dabei zeigte sich, dass den männlichen Führungskräften statusbezogene Merkmale – wie Gehaltshöhe, Beförderungsgeschwindigkeit, Prestige – wichtiger als den weiblichen Führungskräften waren, während es den weiblichen Führungskräften bedeutsamer war, im Team, in einer unterstützenden Umgebung zu arbeiten und bei einem Arbeitgeber zu sein „that puts people first" (Eddleston, Veiga, und Powell 2006). Wären solche Wertigkeitsunterschiede zwischen den Geschlechtern ein Selbstselektionsfaktor, dürften es innerhalb der Gruppe der „Aufgestiegenen" – also bei den Führungskräften – kaum mehr Unterschiede geben.

Auch wenn die Bedeutung von Präferenzunterschieden vielleicht eher überschätzt wird, lohnt es sich, diese näher zu betrachten. Der Beitrag von Hüttges und Fay in diesem Band betrachtet diejenigen, die ihren Ausstieg anvisieren, mit der Fragestellung, ob dieser ge-*wollt* oder eher unfreiwillig ist. Ist es das erklärte berufliche Ziel, die außerhochschulische Forschung zu verlassen? Welche Motive veranlassen Wissenschaftlerinnen und Wissenschaftler, den Berufsweg zu verlassen, und gibt es in den Motiven Unterschiede? Erweitert wird diese empirische Analyse durch von Dr. Bärbel Kerber durchgeführte Interviews mit zwei Wissenschaftlerinnen, die die Wissenschaftslaufbahn verlassen haben. Das Interview mit Dr. Kathrin Happe verdeutlicht, wie obsolet es ist, den Begriff des „Karrieremachens" mit Aufstieg gleichzusetzen. Neuere Karrierekonzepte, die Karriere beispielsweise als „the sequence of employment-related positions, roles, activities and experiences encountered by a person" (Arnold 2001, S. 116) definieren, bieten den persönlichen Wertigkeiten und Präferenzen einen angemessenen Raum. In einem weiteren Interview mit Dr. Kirsti Dautzenberg wird deutlich, welche Vielfalt an Faktoren zu der Entscheidung für einen Weg außerhalb der klassischen Forschungseinrichtungen beiträgt.

3.3 Situation: Lässt man Frauen?

Die multiplikative Verknüpfung beinhaltet, dass es nicht nur genügt, zu „können" und zu „wollen", sondern dass auch die Situation berücksichtigt werden muss. Der Beitrag von Graf, Reißner und Schmid in diesem Band analysiert die spezifische Arbeitssituation in außerhochschulischen Forschungseinrichtungen. Teamarbeit ist die vorherrschende Form der Zusammenarbeit. In Teams werden Chancen verteilt, in Teams entfalten sich Potentiale – oder verkümmern –, in Teams werden im Spannungsfeld von Macht und Abhängigkeiten (Stellenverlängerungen anbieten können und Forschungsideen preisgeben wollen) Aushandlungsprozesse vollzogen. Viele individuelle und situationale Faktoren beeinflussen in diesen komplexen Prozessen die Chancengleichheit. Beispielsweise legt die Forschung zum Verhandeln im organisationalen Kontext nahe, dass sich Männer und Frauen in den Verhandlungsstrategien unterscheiden; versuchen Frauen, die effektiveren Strategien der Männer anzuwenden, werden sie dafür bestraft (Kulik und Olekalns 2012).

Der Beitrag von Graf und Reißner zur Vereinbarkeitsproblematik in diesem Band beschreibt auf der Grundlage von Interviews mit Mitgliedern aus Forschungsteams sowie mit Expertinnen und Experten der Geschäftsstellen die Dynamiken innerhalb der Teams und deren Funktion in den Strukturen der Forschungsinstitute. Eines der in den Interviews wiederkehrenden Themen ist die Frage nach der Vereinbarkeit von Beruf mit anderen Lebensbereichen, insbesondere mit der Familie. Auf den meisten Ebenen der Gesellschaft wird die Verantwortlichkeit für „Familienarbeit" per Voreinstellung den Frauen zugeschrieben. Dies beeinträchtigt die Beförderungswürdigkeit von Frauen in Führungspositionen (Hoobler, Lemmon, und Wayne 2011). Im Forschungsbetrieb wird eine weiblich besetzte Wissenschaftlerstelle manchmal sogar als Risikofaktor gesehen. Um dem zu begegnen, haben die außerhochschulischen Forschungseinrichtungen Förderinstrumente entwickelt, die das "familienunfreundliche" Arbeitsfeld der Wissenschaft für Frauen attraktiver machen sollen. Der genannte Beitrag greift dieses auf, um zu prüfen, welche Rolle diese Instrumente auf den verschiedenen Ebenen von Forschungseinrichtungen spielen, insbesondere mit der Frage, ob sie von oben nach unten „durchsickern".

Ein weiterer Beitrag von Graf und Reißner zu Drittmittelkarrieren in diesem Band nimmt ein bestimmtes Situationsmerkmal von Forscherinnen und Forschern genauer in Augenschein: das Arbeiten, Forschen und „Karrieremachen" in Drittmittelprojekten. Hierbei arbeiten die Autorinnen heraus, welche Vor- und Nachteile und welche „Nebenwirkungen" Drittmittelbeschäftigung haben. In diesem Diskurs werden die betroffenen Individuen berücksichtigt, auf die Dynamik in den Forschungsteams eingegangen und Fragen zur Chancengerechtigkeit unter Frauen und Männern aufgeworfen.

3.4   Was lernen wir daraus?

Die Ergebnisse bestätigen, dass die Unterrepräsentation von Frauen in Führungspositionen in der Forschung am besten als Ergebnis eines multikausalen Prozesses zu verstehen ist, wobei die verschiedenen Faktoren für das einzelne Individuum eine unterschiedlich große Rolle spielen. Um die Ergebnisse direkt wirksam zu machen, wurde eine Intervention entwickelt, die dem Spannungsfeld von *individuellen Laufbahnvorstellungen,* die im Kontext eines *Teams* realisiert werden müssen, gerecht wird. In zehn Forschungsteams wurden Teamentwicklungstrainings durchgeführt, deren Ziel darin bestand, das Miteinander im Team entlang der Campell'schen Formel zukünftig reflektierter, chancengerechter und karriereorientierter zu gestalten. Die Grundlage, der Ansatzpunkt und die Evaluation werden im Beitrag von Hüttges (in diesem Band) dargestellt. Das abschließende Kapitel von Fay, Graf, Hüttges und Reißner integriert die Ergebnisse und spricht Handlungsempfehlungen aus.

Die empirischen Beiträge dieses Bandes entstanden im interdisziplinären Projekt „Frauen und ihre Karriereentwicklung in naturwissenschaftlichen Forschungsteams" (www.f-teams.ceip.de), welches durch das BMBF und den ESF gefördert wurde. Die einzelnen Studien des Projekts werden im folgenden Zwischenkapitel (Dautzenberg, Fay, Graf, Hüttges, und Schmid) vorgestellt.

Das Projekt
„Frauen und ihre Karriereentwicklung in naturwissenschaftlichen Forschungsteams" und seine Studien

Kirsti Dautzenberg / Doris Fay / Patricia Graf / Annett Hüttges / Sylvia Schmid

Die in diesem Band vorgestellten Beiträge entstanden im interdisziplinären Projekt „Frauen und ihre Karriereentwicklung in naturwissenschaftlichen Forschungsteams" (www.f-teams.ceip.de). Es wurde durch das BMBF und den ESF von 2009 bis 2012 gefördert und ist dem BMBF-Themenschwerpunkt „Frauen an die Spitze" aus dem Förderbereich „Strategien zur Durchsetzung von Chancengleichheit für Frauen in Bildung und Forschung" zuzuordnen. Der Förderbereich hat sich zum Ziel gesetzt, die Chancen von Frauen in Bildung und Forschung, Beruf und Gesellschaft zu fördern und die Gleichstellung von Frauen und Männern zu verwirklichen.

Das Projekt wurde durch Dr. Kirsti Dautzenberg, Prof. Dr. Doris Fay und Prof. Dr. Guido Reger initiiert und unter der Leitung von Dr. Patricia Graf mit Prof. Dr. Annett Hüttges, Judith Reißner und Sylvia Schmid durchgeführt. Realisiert wurde es an der Universität Potsdam durch Kooperation von Potsdam Transfer, der Professur für Innovationsmanagement und Gründung und dem Lehrstuhl für Arbeits- und Organisationspsychologie. Der Schwerpunkt des Projektes lag auf der Analyse geschlechterdifferenter Karriereverläufe in der außerhochschulischen naturwissenschaftlichen Forschung. Dazu wurden sechs Studien durchgeführt.

Studie 1:   Erhebung des Status quo der Verteilung von Frauen und Männern
                auf Positionen und Vergütungsgruppen in der außerhochschu-
                lischen Forschung

In den Jahren 2009/2010 wurden fächerspezifische Personaldaten der Fraunhofer-Gesellschaft, der Helmholtz-Gemeinschaft Deutscher Forschungszentren,
der Max-Planck-Gesellschaft sowie der Wissenschaftsgemeinschaft Gottfried
Wilhelm Leibniz erhoben. Die Daten wurden von den zuständigen Personal-
referaten der Dachgesellschaften zur Verfügung gestellt und vom Projektteam
im Hinblick auf geschlechterdifferente Verteilung auf Karrierestufen analysiert.
Veröffentlicht in:

▪ Graf, Dautzenberg, Büttner, und Schmid 2011

Studie 2:   Untersuchung von Organisationsstrukturen in der außerhochschu-
                lischen Forschung

Mit Hilfe von Interviews mit Expertinnen und Experten wurden die formalen
und informellen Organisationsstrukturen der außerhochschulischen Forschungseinrichtungen, Mechanismen der Selbstevaluation sowie die *gendered substruc-
ture* der Organisation untersucht. Dazu wurden 16 semi-strukturierte, leitfadengestützte Interviews mit Vertreterinnen und Vertretern aus den Geschäftsstellen
der vier außerhochschulischen Forschungseinrichtungen sowie drei Einrichtungen der Ressortforschung durchgeführt. Die Untersuchungsmethode wurde gewählt, da auf der einen Seite ein semi-strukturiertes Interview den Antworten der
Interviewten genügend Raum lässt. Auf der anderen Seite ist es möglich, die ge-
sammelten Informationen zu vergleichen, da dieselben spezifischen Fragen in
den Interviews gestellt werden. Die Dauer der Interviews lag zwischen 40 Minuten und zwei Stunden. Die Interviews wurden persönlich oder telefonisch vorgenommen. Sie wurden digital aufgezeichnet und transkribiert. Die Transkriptionen wurden mit einer qualitativen Inhaltsanalyse ausgewertet (*Atlas.ti*).

        Die Interviews beinhalteten drei Schwerpunktthemen: Evaluation, Personal-
entwicklung und Chancengleichheit. Bestandteil des Unterpunktes *Evaluation*
waren Kriterien sowie Prozedere und Auswirkungen der Evaluationen für Institute
und Mitarbeiter. Zum Thema *Personalentwicklung* wurden Fragen zu typischen
und gewünschten Karriereverläufen als auch zu Personalentwicklungsinstrumenten gestellt. Das Thema *Chancengleichheit* wurde entlang der Fragen
Chancengleichheit im Einstellungsverfahren, Vereinbarkeit von Beruf und Fami-
lie/

Work-Life-Balance, Geschlecht und Führungsposition sowie Führungspositionen und Teilzeit abgefragt.

Veröffentlicht in:

* Graf und Schmid 2011
* Fay, Hüttges, und Graf (in diesem Band)
* Graf und Reißner (in diesem Band)
* Folgender Ergebnisbericht ist verfügbar:
* Graf und Schmid 2010 (http://www.f-teams.ceip.de/images/pdf/Rueck meldebericht_ExpertInneninterviews.pdf)

Studie 3: Deutschlandweite Onlinestudie bei Wissenschaftlerinnen und Wissenschaftlern verschiedener Fachgebiete in der außerhochschulischen Forschung

An der im Zeitraum von Mai bis August 2010 durchgeführten Befragung nahmen 700 Personen teil; unter diesen befanden sich 439 Naturwissenschaftlerinnen und Naturwissenschaftler mit vollständig verwertbaren Daten. Es wurde eine quantitative Forschungsmethodik gewählt, die auf einerseits veröffentlichte, in ihrer psychometrischen Qualität überprüfte Befragungsinstrumente zugriff und für die andererseits einige neue Instrumente entwickelt wurden. Die Teilnehmerinnen und Teilnehmer wurden gebeten, zu einer breiten Palette von Themen Auskunft zu geben. Neben demographischen Daten (z.b. Alter, Geschlecht, Karrierestufe) wurden sie zu unmittelbar karrierebezogenen Faktoren (z.b. Netzwerke, Mentoren, Selbsteinschätzung des Karriereerfolgs), Arbeitsfaktoren (z.b. Führung), Merkmale des Teams (z.b. Größe, Zusammensetzung, Unterstützung, Geschlechtsstereotypien im Team), berufsbezogenen Werten, Einstellungen und Selbstkonzepten sowie weiteren Faktoren befragt. Die Befragung wurde als Längsschnitt im Zeitraum von Juli bis September 2011 weitergeführt. Zu diesem zweiten Messzeitpunkt wurden 256 Wissenschaftlerinnen und Wissenschaftler erneut mit den bereits im Jahr zuvor verwendeten Erhebungsinstrumenten befragt. Für längsschnittliche Analysen standen insgesamt 130 vollständige Datensätze zur Verfügung. Ergebnisse der Onlinestudie sind veröffentlicht in:

* Hüttges, Graf, Schmid, und Fay 2011
* Hüttges 2011
* Fay, Hüttges, und Graf (in diesem Band)
* Hüttges und Fay (in diesem Band)
* Hüttges und Fay 2013

Folgende Ergebnisberichte sind verfügbar:

▪   Hüttges: Erhebung 2010 (http://www.f-teams.ceip.de/images/pdf/projekt
    bericht%20onlinestudie.pdf)
▪   Hüttges: Erhebung 2011 (http://www.f-teams.ceip.de/index.php/news/30-er
    gebnisse-laengsschnitt)

Studie 4:   Untersuchung der Organisationsstrukturen in der außerhochschu-
                 lischen Forschung auf Ebene der Institute und Abteilungen

Im Zeitraum von September bis Dezember 2010 wurden analog zu Studie 2
13 semi-strukturierte, leitfadengestützte Expertinnen- und Experteninterviews
auf Instituts- und Abteilungsleitungsebene der vier außerhochschulischen Forschungseinrichtungen zu den Themen Personal, Evaluation, Chancen und Teams
durchgeführt. Die Dauer der Interviews lag zwischen 40 Minuten und zwei Stunden. Die Interviews wurden persönlich oder telefonisch vorgenommen. Sie wurden digital aufgezeichnet und transkribiert. Die Transkriptionen wurden mittels
Atlas.ti einer qualitativen Inhaltsanalyse unterzogen. Mit Hilfe eines Mehr-
ebenenmodells wurden die Ergebnisse der 13 Interviews auf Ebene der Institute
und Abteilungen den 16 Interviews auf Ebene der Dachgesellschaften und Geschäftsstellen (Studie 2) gegenübergestellt. So sollte untersucht werden, welche
Steuerungseffekte zwischen den beiden Ebenen bestehen und ob Mechanismen
wie etwa Regelevaluationen aber auch Instrumente zur Sicherung von Chancengleichheit auf Ebene der Institute und Abteilungen verstärkt oder abgeschwächt
zur Anwendung kommen. Ergebnisse der Studie sind veröffentlicht in:

▪   Graf und Reißner zur Vereinbarkeitsproblematik (in diesem Band)

Studie 5:   Qualitative Analyse von Forschungsteams

Zur Untersuchung der Zusammenarbeit im Team sowie des Zusammenhangs
zwischen Teamunterstützung und Karrierechancen wurden zwischen Februar
und November 2011 156 Interviews mit Teammitgliedern in 20 naturwissenschaftlichen und fünf geistes- und sozialwissenschaftlichen Teams der außerhochschulischen Forschungseinrichtungen durchgeführt. Die Dauer der Interviews lag zwischen 30 Minuten und 1,5 Stunden. Die Interviews wurden persönlich oder telefonisch vorgenommen. Sie wurden auf Deutsch oder Englisch geführt, digital aufgezeichnet und transkribiert. Die Transkriptionen wurden unter
Zuhilfenahme der Software Atlas.ti einer qualitativen Inhaltsanalyse unterzogen.

Zentrale Bestandteile der Interviews waren Fragen zum eigenen Forschungsteam, zu den Prozessen im Team sowie das Zusammenspiel von Teamerfolg und Individualerfolg unter Geschlechterperspektive.

Teamfeedback: Basierend auf den qualitativen Interviews mit 156 Teammitgliedern wurde für jedes Team des Gesamtsamples ein individuelles Benchmarking verfasst, das zur Unterstützung der eigenen Teamstrukturen dienen kann. Über die qualitative Analyse hinaus konnte somit ein direkter Transfer in die Arbeitspraxis der Forschungsteams geleistet werden. Um einerseits die Anonymisierung der Interviewten aufrechtzuerhalten, andererseits aber den Teams ihre jeweilige Position unter den 25 untersuchten Teams rückzuspiegeln, wurde ein quantitatives Benchmark vorgenommen. Dazu wurden mehrere geeignete Stellen der qualitativen Interviews quantifiziert und statistisch ausgewertet. Die Feedbacks gingen ausschließlich an die betreffenden Forschungsteams.

▪ Graf, Reißner, und Schmid (in diesem Band)

Studie 6: Teaminterventionen

Auf den Ergebnissen der Studien aufbauend wurde eine Intervention entwickelt. Das Teamtraining zielt auf eine reflektiertere und chancengerechtere Laufbahngestaltung ab, die in dem besonderen Spannungsfeld von *individuellen Laufbahnzielen* innerhalb von Teams realisiert werden muss. Zehn mehrheitlich naturwissenschaftliche Teams nahmen an Trainings im Umfang von 1,5 Tagen teil. Die Gruppengröße der teilnehmenden Teams variierte zwischen drei und 15 Personen. Die Möglichkeit zur Teilnahme war an die Bedingung geknüpft, dass im Team mindestens eine weibliche Wissenschaftlerin verankert sein musste, für die eine Karrieredynamik im Wissenschaftsbetrieb bestand. Die Evaluation der Teamintervention erfolgte durch eine onlinegestützte Vorher-Nachher-Befragung (unmittelbar vor der Intervention und drei Monate nach ihrem Abschluss). Sie befasste sich mit Aspekten der Teaminterdependenz und gegenseitigen Unterstützung im Team, dem individuellen Engagement bei der Erbringung karriererelevanter Leistungen und dem reflektierten Umgang im Team mit Karrierechancen. Zusätzlich dazu wurden die Teilnehmerinnen und Teilnehmer direkt im Anschluss an die Teamintervention zu ihrer Zufriedenheit mit Aspekten des Interventionsprozesses befragt (z.B. Arbeitsatmosphäre, Praxisbezug). Die Teamintervention und deren Evaluation ist veröffentlicht in:

▪ Hüttges (in diesem Band)

Wissen um Aufstiegskriterien – Worauf kommt es für den Aufstieg in den Naturwissenschaften *wirklich* an?

Doris Fay / Annett Hüttges / Patricia Graf

1 Leistung = Aufstieg! Aber welche Leistung?

Beruflicher Aufstieg ist – ungeachtet des spezifischen Arbeitsgebiets – in der Regel das Ergebnis vieler Faktoren. Wie eingangs dargestellt (Fay und Hüttges in diesem Band), spielen exzellentes Leistungsverhalten und Leistungsergebnisse sicherlich eine Schlüsselrolle im beruflichen Aufstieg. Wenn sich jedoch Frauen und Männer kaum in ihrer Leistungsfähigkeit unterscheiden, wie lässt sich dann die konsistente Unterrepräsentation von Frauen in Führungspositionen erklären?

Die Positionierung von „Leistungsverhalten und Leistungsergebnissen" als Schlüsselfaktor für den Aufstieg ist ein empirisch gut abgesicherter Befund (Judge, Klinger, und Simon 2010; Ng, Eby, Sorensen, et al. 2005; Ng und Feldman 2010), ist aber bei genauerer Betrachtung eine große Verkürzung bzw. Vereinfachung. Was genau umfassen denn das „Leistungsverhalten und die Leistungsergebnisse"? Tatsächlich handelt es sich bei diesen Leistungsvariablen in fast allen Berufen um eine scheinbar endlose Menge an Aufgaben und Möglichkeiten, für die man sich engagieren *könnte*. Aufstiegsrelevant ist aber vermutlich nicht alles. Nicht alle Aufgaben sind gleichermaßen hilfreich, sich eine Reputation als brillante Forscherin oder Forscher, als erfolgreiche Außendienstmitarbeiterin bzw. Außendienstmitarbeiter oder exzellente Führungskraft aufzubauen. So hat die Führungskraft einer Personalbuchhaltung gleichermaßen die Aufgabe, für eine fristgerechte und korrekte Anweisung der Löhne und Gehälter zu sorgen, als auch ihrer Sorgfaltspflicht gegenüber ihren Mitarbeiterinnen und Mitarbeitern gerecht zu werden. Bedeutsam für den weiteren Aufstieg dieser Führungskraft werden jedoch weniger die Fehlzeiten oder die Zufriedenheit von Mitarbeiterinnen und Mitarbeitern in ihrem Arbeitsbereich sein, sondern vorwiegend die Korrektheit der Buchhaltung und die Höhe der Personalkosten. Gleichermaßen bekommt eine junge Wissenschaftlerin die Möglichkeit, sich in Tagungsorganisation, Gremienarbeit oder Drittmittelakquise zu engagieren, für den späteren Aufstieg ist aber nur ihre Leistung im Bereich Drittmittelakquise relevant.

Zeit und Energie, die man auf seine Arbeitstätigkeit verwenden kann, sind begrenzt. Also ist es nicht möglich, sich in *allen* Aufgaben und Leistungsbereichen gleichermaßen zu engagieren, um überall maximale Leistung zu zeigen. Stattdessen müssen Entscheidungen getroffen werden: Entscheidungen darüber, in welche Aufgabenbereiche man mehr Energie investiert, in welchen man „fünfe gerade sein lässt", und aus welchen man sich möglicherweise versucht „herauszuziehen". Auch muss man Entscheidungen über Wege treffen, die nicht gleichzeitig beschritten werden können: So muss sich beispielsweise eine frisch diplomierte Kauffrau entscheiden, ob sie das Stellenangebot eines Arbeitgebers mit internationaler Reputation annimmt (in der Hoffnung, dass ein solcher Arbeitgeber im Lebenslauf positiv wirkt) – oder das Angebot eines mittelständischen Unternehmens (in der Hoffnung, dass der Lebenslauf dann durch die damit verbundene frühe Eigenverantwortung und Erfahrungsvielfalt profitiert).

Im Hinblick auf einen beruflichen Aufstieg ist es folglich wichtig zu wissen, in welche Leistungsbereiche es sich zu investieren lohnt und wo man sich möglicherweise zurückhalten sollte. Wir bezeichnen das *Wissen* um die wichtigsten Aufstiegskriterien, also diejenigen Leistungskriterien und Entscheidungen, auf die es für einen beruflichen Aufstieg „tatsächlich ankommt", als *Karrierewissen*. Dieses Karrierewissen ist in seiner Gänze selten explizit, transparent und für jedermann gleichermaßen zugänglich. Zu wissen worauf es ankommt, erlaubt es, die begrenzte Zeit und Energie zu bündeln und darauf zu fokussieren, wo es für die eigene Karriere am meisten nützt. In diesem Kapitel gehen wir der Frage nach, ob sich die Unterschiede im beruflichen Aufstieg zwischen Männern und Frauen durch Unterschiede im Karrierewissen erklären lassen.

2 Karrierewissen: Woher kommt es? Geschlechterdifferenter Zugang?

Kriterien, die die Aufstiegschancen erhöhen, sind selten explizit und eindeutig formuliert. Eigentlich verfügt die heutige Personalentwicklung über eine Reihe von Instrumenten, in denen Karrierewissen vermittelt werden kann. So können Führungskräfte beispielsweise im Rahmen von Mitarbeiterentwicklungsgesprächen, durch Einsatz von Leistungsbeurteilungssystemen oder Leistungszielvereinbarungen verdeutlichen, worauf es für einen Aufstieg ankommt (Lohaus 2009; Neuberger 2008). Allerdings werden diese Instrumente noch nicht in ausreichendem Maße angewendet; dies gilt auch für den Wissenschaftsbetrieb. So kommen Graf und Schmid (2011) für die außerhochschulischen Forschungseinrichtungen zu dem Schluss: „Zielvereinbarungen sind [...] stark nachgefragt, aber eher durchschnittlich etabliert" (S. 78).

Stattdessen kommen relevante Hinweise oft von wohlmeinenden Kolleginnen und Kollegen oder informellen Mentorinnen und Mentoren (Kammeyer-Mueller und Judge 2008). Die Weiterverbreitung von Karrierewissen über solche informellen Informationsnetzwerke ist aus verschiedenen Gründen problematisch. Erstens besteht die Gefahr, dass – entweder aus eigener Unwissenheit oder aus Eigennutz – falsche Informationen weitergegeben werden. Zu den „Klassikern" unter diesen gehört der Umgang mit berufsunerfahrenen Praktikantinnen und Praktikanten. Gerne wird diesen signalisiert, dass sie durch „harte und zuverlässige Arbeit" – nämlich stundenlanges Kopieren und zuverlässiges Kaffeekochen – ihre Chance auf einen regulären Arbeitsplatz erhöhen würden. Den Arbeitsvertrag bekommt aber dann die Person, die – zwischen dem Kopieren – an der Präsentation für die Geschäftsleitung mitarbeiten durfte.

Zweitens ist an der informellen Verbreitung von Karrierewissen problematisch, dass nicht alle Personen die gleiche Chance haben, diese Informationen zu erhalten. Der Zugang zu Informationsnetzwerken sowie deren Struktur und Instrumentalität wird stark durch Merkmale des Individuums beeinflusst, durch dessen soziale Herkunft, Ethnizität und auch Geschlecht (Brass 1985; Kanter 1977; McGuire 2000). Geschlechtsunterschiede von Netzwerken finden sich sogar auf der Führungsebene (Durbin 2011). Insbesondere der Zugang zu Netzwerken war und ist für Frauen schwieriger als für Männer (Blickle und Boujataoui 2005; Brass 1985; Campbell 1988). Damit stellt sich die Frage, ob die bestehenden Unterschiede im beruflichen Aufstieg zwischen Männern und Frauen Unterschieden im Karrierewissen zuzuschreiben ist.

Die zuvor genannte Intransparenz der Aufstiegskriterien findet sich auch in Forschung und Wissenschaft. Zwar lassen sich die wichtigsten Leistungskriterien direkt den Ausschreibungen für Führungs- und Leitungspositionen oder Professuren entnehmen, doch ist davon auszugehen, dass noch weitere Aufstiegskriterien existieren und benutzt werden. Um die Frage beantworten zu können, ob Unterschiede im beruflichen Aufstieg auf Unterschiede im Karrierewissen zurückzuführen sind, muss als Forschungsgrundlage das potentielle „Karrierewissen" expliziert werden. Wie sehen die Kriterien aus, die den Aufstieg auf höhere Positionen (mit-)bestimmen?

Wir gehen davon aus, dass bei diesen Kriterien zwei Kategorien zu unterscheiden sind. Bei der ersten Kategorie, die wir als „Leistungskriterien" bezeichnen, handelt es sich um solche Kriterien, die der wissenschaftliche Nachwuchs gezielt anstreben und durch eigene Anstrengung beeinflussen kann, bzw. die zukünftiges Leistungspotential abbilden. Dazu gehören beispielsweise der Umfang der eingeworbenen Drittmittel und Schlüsselqualifikationen.

Bei der zweiten Kategorie, die wir als „Aufstiegskriterien" bezeichnen, handelt es sich um Kriterien, die der Nachwuchs weniger stark durch eigene Anstrengung beeinflussen kann und die eigentlich nur mittelbar mit Leistung in Verbindung gebracht werden können. Dazu gehören beispielsweise das Ansehen der Abteilungsleiterin oder des Abteilungsleiters in dessen oder deren Arbeitsgruppe man tätig ist oder der Forschungsschwerpunkt der Arbeitsgruppe. Diese Faktoren können für den Aufstieg durchaus eine Rolle spielen, sind jedoch oft durch Zufall oder mehr oder weniger gut informierte Entscheidungen zustande gekommen. Sie unterliegen also nicht den täglich vorhandenen Einflussmöglichkeiten einer Person.

Um also der Frage nachgehen zu können, ob Unterschiede im Aufstieg auf Unterschiede im Karrierewissen zurückzuführen sind, haben wir einen Katalog von Kriterien – Leistungs- und Aufstiegskriterien – identifiziert. Dieser Katalog benennt die Faktoren, die für den beruflichen Aufstieg in den Naturwissenschaften, am Beispiel der außerhochschulischen Forschungseinrichtungen, relevant sind. Dabei ist zu berücksichtigen, dass ein solcher Katalog immer disziplinenspezifisch ist. Der folgende Abschnitt beschreibt den Forschungsprozess, über den die Faktoren identifiziert wurden.

3 Identifikation eines Katalogs von Aufstiegs- und Leistungskriterien in den Naturwissenschaften am Beispiel der außerhochschulischen Forschung

3.1 Vorgehen

Die bekannten Leistungskriterien für die meisten Disziplinen in Wissenschaft und Forschung sind Umfang und Qualität von Publikationen und Drittmitteleinwerbung. Mit Publikationen weisen Wissenschaftlerinnen und Wissenschaftler nach, dass ihre Forschungsergebnisse als so wichtig befunden werden, dass sie dem Fachpublikum zur Verfügung gestellt werden sollten. In den Naturwissenschaften handelt es sich dabei in der Regel um internationale Fachzeitschriften, die einem rigorosen Begutachtungsprozess unterliegen. Eine Veröffentlichung in einer Fachzeitschrift ist das Ergebnis eines Wettkampfs mit vielen anderen potentiell veröffentlichbaren Manuskripten.

Mit Drittmitteleinwerbung – dem Einwerben von finanziellen Mitteln für die Forschung aus z.B. öffentlichen Fördertöpfen oder der Privatwirtschaft – dokumentieren Wissenschaftlerinnen und Wissenschaftler, dass sie Ideen und Forschungsprogramme entwickeln können, deren Innovativität und Brillanz andere von ihrer Förderungswürdigkeit überzeugt. Da Drittmittelgeber über ein begrenztes Volumen von Fördermitteln verfügen, handelt es sich beim Einwerben von Fördermitteln um ein höchst kompetitives Unterfangen.

Mit Publikationen und Drittmitteln sind die Aufstiegs- und Leistungskriterien in den Naturwissenschaften allerdings nicht erschöpfend dargestellt. Um ein möglichst umfassendes Verständnis der Kriterien zu entwickeln, wurde über einen dreischrittigen Prozess ein Kriterienkatalog entwickelt.

▪ In Schritt 1 wurde durch Dokumentenanalyse und Gespräche mit Forschenden in den Naturwissenschaften ein vorläufiger Katalog von zwölf Aufstiegs- und Leistungskriterien entwickelt.

▪ In Schritt 2 wurde der vorläufige Katalog Expertinnen und Experten vorgelegt. Bei diesen handelte es sich um Mitglieder aus den Geschäftsstellen außerhochschulischer Forschungseinrichtungen, die als Verantwortliche für Instituts- und Personalentwicklung, Evaluation sowie Chancengleichheit tätig waren (ausführlichere Beschreibung der Untersuchung siehe Studie 2 im Kapitel Dautzenberg, Fay, Graf, Hüttges, und Schmid in diesem Band). Der Katalog wurde zehn Geschäftsstellenmitgliedern mit der Anweisung vorgelegt: „Im Folgenden bitten wir Sie zu beurteilen, wie wichtig die folgenden Aspekte für den *Karriereerfolg* von Wissenschaftlerinnen und Wissenschaftlern in Ihrer Gesellschaft bzw. Gemeinschaft sind." Ebenso wurden sie eingeladen, Vorschläge zur Ergänzung des Kriterienkatalogs abzugeben. Auf Grundlage der Daten wurden die zwölf Aufstiegs- und Leistungskriterien in eine Rangreihenfolge gebracht. Die Kriterien sind in einem Ranking abnehmender Wichtigkeit in Tabelle 1 (erste Spalte) dargestellt. Neben den schon genannten Publikations- und Drittmittelleistungen wurden noch die speziellen Forschungsschwerpunkte – die eigenen und die des Teams – als sehr bedeutsam eingestuft. Als vergleichsweise wenig bedeutsam wurden beispielsweise die Übernahme institutsinterner Aufgaben und die Betreuung von Dissertationen eingestuft.

- In Schritt 3 wurde der Kriterienkatalog, der durch die Vorschläge der Expertinnen und Experten aus Schritt 2 auf 17 Kriterien angewachsen war, einer quantitativen Überprüfung unterzogen. Die Überprüfung erfolgte im Rahmen der deutschlandweiten Onlineerhebung (ausführlichere Beschreibung der Untersuchung siehe Studie 3 im Kapitel Dautzenberg et al. in diesem Band). Die Expertise von 80 Naturwissenschaftlerinnen und -wissenschaftlern fortgeschrittener Karrierestufe (z.B. Professoren und Professorinnen, Personen in Leitungsfunktionen mit Personal- und Budgetverantwortung) wurde herangezogen. Den teilnehmenden Personen wurde der Kriterienkatalog präsentiert mit der Instruktion, jedes einzelne Kriterium hinsichtlich seiner Wichtigkeit für den Karriereerfolg in ihrer Forschungseinrichtung zu bewerten. Die Beurteilung erfolgte auf einer Skala von 1 bis 7 (1 = völlig unwichtig, 4 = teilweise wichtig, 7 = überaus wichtig). Das Ergebnis dieser Beurteilung ist in Tabelle 1, zweite Spalte dargestellt.

3.2 Ergebnis: Was sind die wichtigsten Aufstiegs- und Leistungskriterien?

Die Aufstiegs- und Leistungskriterien sind in Tabelle 1 für jede Gruppe von Expertinnen und Experten nebeneinander dargestellt. Übereinstimmungen im Ranking sind durch eine graue Schattierung hervorgehoben. Kriterien, die nicht übereinstimmend genannt wurden bzw. nach Schritt 1 hinzukamen, sind durch die Kleinbuchstaben c bzw. d markiert.

Vergleicht man die Rankings beider Gruppe von Expertinnen und Experten, zeigt sich eine hohe Übereinstimmung. Beide Gruppen weisen dem Publizieren,

Tabelle 1: Karriererelevanz von Arbeitsaufgaben und Arbeitsergebnissen.

	ExpertInnen der Geschäftsstellen[a] N = 10	Erfahrene Naturwissen- schaftlerInnen[b] 76 < N < 80	M[b] 76 < N < 80	SD[b] 76 < N < 80
Sehr hohe Relevanz	Umfang referierter Publikationen	Umfang referierter Publikationen	6,08	1,40
	eingeworb. Drittmittel	eingeworbene Drittmittel	5,80	1,32
	Forschungs- schwerpunkt Team	Forschungsschwerpunkt Team	5,70	1,35
	eigener Forschungs- schwerpunkt	eigener Forschungs- schwerpunkt	5,65	1,31
Hohe Relevanz		exzellenter wissenschaft- licher Ruf des Instituts[d]	5,37	1,42
	Schlüssel- kompetenzen	Kongress-/ Konferenzbeiträge	5,16	1,41
	wissenschaftliche Tätigkeit im Ausland	wissenschaftliche Tätigkeit im Ausland	4,94	1,52
	Kongress-/ Konferenzbeiträge	wissenschaftliche Reputa- tion des Abteilungsleiters[c]	4,94	1,78
	Beitrag zum Technologietransfer[c]	Stringenz der wissen- schaftlichen Laufbahn[c]	4,42	1,52
		Schlüsselkompetenzen	4,34	1,50
		Unterstützung laufender Forschung[d]	4,22	1,39
Eher geringe Relevanz	interne Aufgaben im Institut	interne Aufgaben im Institut	4,14	1,49
	Anzahl betreuter Dissertationen	Anzahl betreuter Disser- tationen	4,06	1,33
	Stringenz der wissen- schaftlichen Laufbahn[c]	Öffentlichkeitsarbeit[d]	3,91	1,35
	wissenschaftliche Reputation des Abteilungsleiters[c]	fachliche Zusatzqualifikationen[d]	3,71	1,28
		Beitrag zum Technologie- transfer[c]	3,55	1,44
		Industrieerfahrung/ Kontakte zur Wirtschaft[d]	3,20	1,66

Anmerkungen zu Tabelle 1:
a Expertinnen und Experten für Instituts- und Personalentwicklung bzw. Evaluation in den Geschäftsstellen;
b Professorinnen, Professoren, Wissenschaftlerinnen und Wissenschaftler in Leitungsfunktionen und Postdocs mit mindestens drei Jahren Arbeitserfahrung nach der Promotion;
c Kriterien, die in ihrem Ranking nicht übereinstimmen;
d Kriterien, die nach Schritt 1 ergänzt wurden;
M = Mittelwert; SD = Standardabweichung; Skalierung von 1 = völlig unwichtig bis 7 = überaus wichtig; 4 = teilweise wichtig

der Drittmittelakquise und den Forschungsschwerpunkten, sowohl des Teams als auch dem eigenen, eine sehr hohe Relevanz zu.

Hohe Relevanz wird übereinstimmend der Ausprägung der Schlüsselkompetenzen, einer wissenschaftlichen Tätigkeit im Ausland und dem Umfang von Kongress- und Konferenzbeiträgen zugeschrieben. Ebenfalls von hoher Relevanz – aber nicht ganz so hoch wie die von Publikationen und Drittmitteln – ist der Ruf des Instituts. Dies deckt sich mit dem Befund einer Untersuchung zu Einstellungsangeboten für Postdoktoranden im Wissenschaftsbetrieb in den USA. Dort wurde analysiert, welches Gewicht das Prestige der Einrichtung hatte, an der ein Bewerber bzw. eine Bewerberin promoviert hatte. Dieses Gewicht wurde verglichen mit dem Gewicht, das die Publikationsleistung hatte. Es zeigte sich, dass die Publikationsleistung einen starken Effekt darauf hatte, ob eine Stelle angeboten wurde, während dies für das Prestige der promovierenden Universität nicht galt (Cable und Murray 1999).

Uneinigkeit zwischen den beiden Gruppen von Expertinnen und Experten herrscht in der Einschätzung der Kriterien der „wissenschaftliche Reputation des Abteilungsleiters" und der „Stringenz der wissenschaftlichen Laufbahn". Diese werden von den Expertinnen und Experten aus den Geschäftsstellen als vergleichsweise wenig wichtig eingeschätzt, während die „aktiven" Wissenschaftlerinnen und Wissenschaftler dies für bedeutsamer halten. Offensichtlich schätzen sie die Chancen für ungewöhnliche Karriereverläufe im Wissenschaftsbetrieb konservativer ein. Bei beidem handelt es sich um Faktoren, die wenig leistungsbezogen sind. Von eher geringer Relevanz werden übereinstimmend die internen Aufgaben des Instituts und die Anzahl betreuter Dissertationen genannt.

4 „Worauf es ankommt": Unterscheiden sich Wissenschaftlerinnen und Wissenschaftler in ihrem Karrierewissen?

Der systematisch entwickelte Katalog an aufstiegsrelevanten Kriterien erlaubt es, der eingangs aufgeworfenen Frage nachzugehen: Verfügen Naturwissenschaftlerinnen und Naturwissenschaftler in gleichem Umfang über Karrierewissen? Können Frauen und Männer die Bedeutung der einzelnen Leistungskriterien gleich gut einschätzen? Zur Beantwortung dieser Frage wurden ebenso Daten herangezogen, die im Rahmen der Onlineerhebung gewonnen wurden (siehe Schritt 3). Die teilnehmenden Personen wurden gebeten, die Wichtigkeit der Kriterien für den Karriereerfolg in ihrer Forschungseinrichtung zu bewerten (Skala von 1 bis 7 mit den Ankern 1 = völlig unwichtig, 4 = teilweise wichtig, 7 = überaus wichtig).

Zur Beantwortung der Frage konzentrieren wir uns auf die Gruppe der Personen, die noch *keine* Führungs- und Leitungsposition inne haben (Tabelle 2). Die anderen müssen ausgeschlossen werden, um eine selektionsbedingte Verzerrung der Respondentenstichprobe zu vermeiden. Falls Frauen über ein geringeres Karrierewissen verfügen, dann könnte es sich bei denjenigen Frauen, die es trotzdem in Leitungspositionen geschafft haben, um diejenigen handeln, die ein den Männern vergleichbares Wissen haben. Folglich ziehen wir eine Gruppe heran, die einer solchen Selektion noch nicht in gleichem Maße ausgesetzt war: Promovierende, Postdocs und Habilitandinnen und Habilitanden. Dabei handelt es sich um n = 346 Naturwissenschaftlerinnen und Naturwissenschaftler mit einem Altersdurchschnitt von 36,4 ± 8,3 Jahren. Der Frauenanteil beträgt 53,5 %.

Tabelle 2: Verteilung der Respondentenstichprobe auf die wissenschaftlichen Karrierestufen getrennt nach Geschlecht

Karrierestufe	Weiblich	Männlich	Gesamt
Promovierende	72 (52,17 %)	66 (47,83 %)	138 (39,88 %)
Postdocs	112 (54,11 %)	95 (45,89 %)	207 (59,83 %)
Habilitierende	1 (100,00 %)	0 (0,00 %)	1 (0,29 %)
Gesamt	185 (53,47 %)	161 (46,53 %)	346 100,00 %

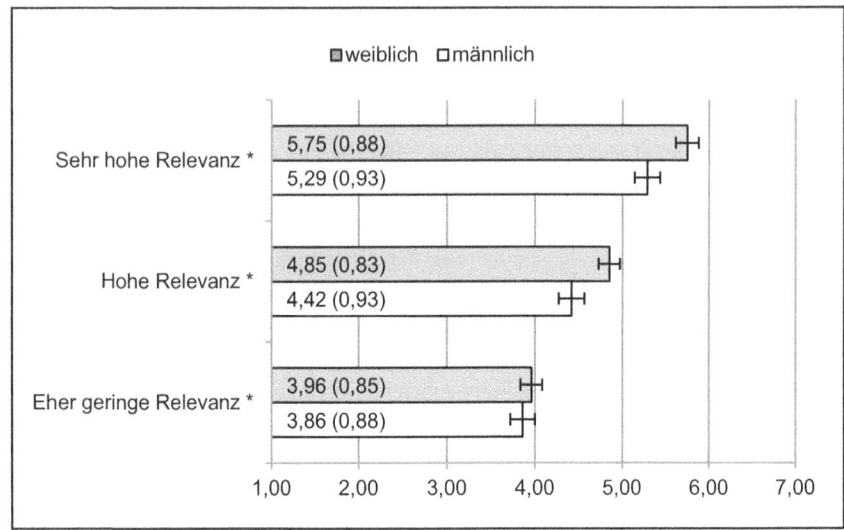

Abbildung 1: Wichtigkeitseinschätzungen von Leistungs- und Aufstiegskriterien unterschiedlicher Relevanz; Darstellung getrennt nach Geschlechtern.

Erläuterung: n = 346 Forscherinnen und Forscher aus Naturwissenschaften; n = 155-162
Männer; n = 176-185 Frauen. Wichtigkeitseinschätzung wurde auf einer Skala von 1 bis 7
vorgenommen (1 = völlig unwichtig, 4 = teilweise wichtig, 7 = überaus wichtig). Balken:
95%iges Konfidenzintervall. * $p<0{,}05$ statistisch signifikanter Geschlechtseffekt

Für den Geschlechtervergleich wurden die Wichtigkeitseinschätzungen der
männlichen und weiblichen Respondenten gegenübergestellt. Zur Vereinfachung
sind die Leistungskriterien in drei Gruppen zusammengefasst, wie sie in Tabelle 1
schon dargestellt sind: die vier Kriterien mit *sehr hoher* Relevanz (Umfang refe-
rierter Publikationen, eingeworbene Drittmittel, Forschungsschwerpunkt Team,
eigener Forschungsschwerpunkt), die sieben Kriterien hoher Relevanz (z.B.
exzellenter wissenschaftlicher Ruf des Instituts, Kongress-/Konferenzbeiträge)
und die sechs Kriterien von vergleichsweise eher geringer Relevanz (z.B. interne
Aufgaben im Institut).

Abbildung 1 stellt die Wichtigkeitseinschätzungen von Frauen und Männern
gegenüber. Die Mittelwerte weisen als erstes darauf hin, dass die Wichtigkeitseinschätzungen der Respondenten mit den Wichtigkeitszuweisungen der Expertinnen und Experten (Tabelle 1) übereinstimmen: Wissenschaftler beiderlei
Geschlechts schätzen die Aufstiegs- und Leistungskriterien, die von den Exper-

tinnen und Experten als hochbedeutsam eingestuft wurden, ebenso als deutlich wichtiger ein als die Kriterien mittlerer und niedrigerer Relevanz. Ebenso werden die Kriterien mittlerer Bedeutsamkeit wichtiger eingeschätzt als diejenigen niedriger Relevanz.

Im Hinblick auf die Hauptfrage, ob Männer und Frauen sich in der Wichtigkeitseinschätzung unterscheiden, zeigt sich folgendes: Frauen nehmen tendenziell *höhere* Wichtigkeitseinschätzungen vor; aber sie differenzieren im gleichen Ausmaß wie Männer *zwischen* den Leistungskriterien unterschiedlicher Wichtigkeit.

Für die Überlegung, ob es Unterschiede im Karrierewissen gibt, gibt es keine Unterstützung: Frauen und Männer wissen gleichermaßen, was für eine Laufbahn relevant ist. Was gleichermaßen wichtig ist: Sie wissen beide, dass bestimmte Aufgaben – laufende Aufgaben im Institut zu übernehmen – nichts bringen. Da Zeit und Energie begrenzt sind, muss man auch wissen, wovor man sich schützen muss – oder was man mit relativ weniger Energie betreiben sollte.

Für eine detailliertere Analyse wurden die einzelnen Aufstiegs- und Leistungskriterien betrachtet. Abbildungen 2a-c zeigen auch hier, dass es keine bedeutsamen Unterschiede zwischen Frauen und Männern gibt. Die Wichtigkeits-

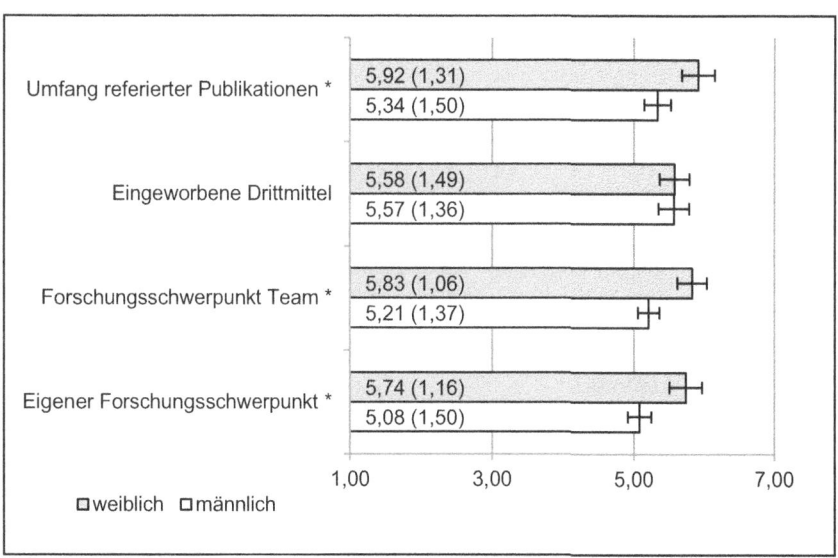

Abbildung 2a: Wichtigkeitseinschätzungen verschiedener Leistungs- und Aufstiegskriterien mit a) sehr hoher, b) hoher und c) eher geringer Relevanz; Darstellung getrennt nach Geschlechtern.

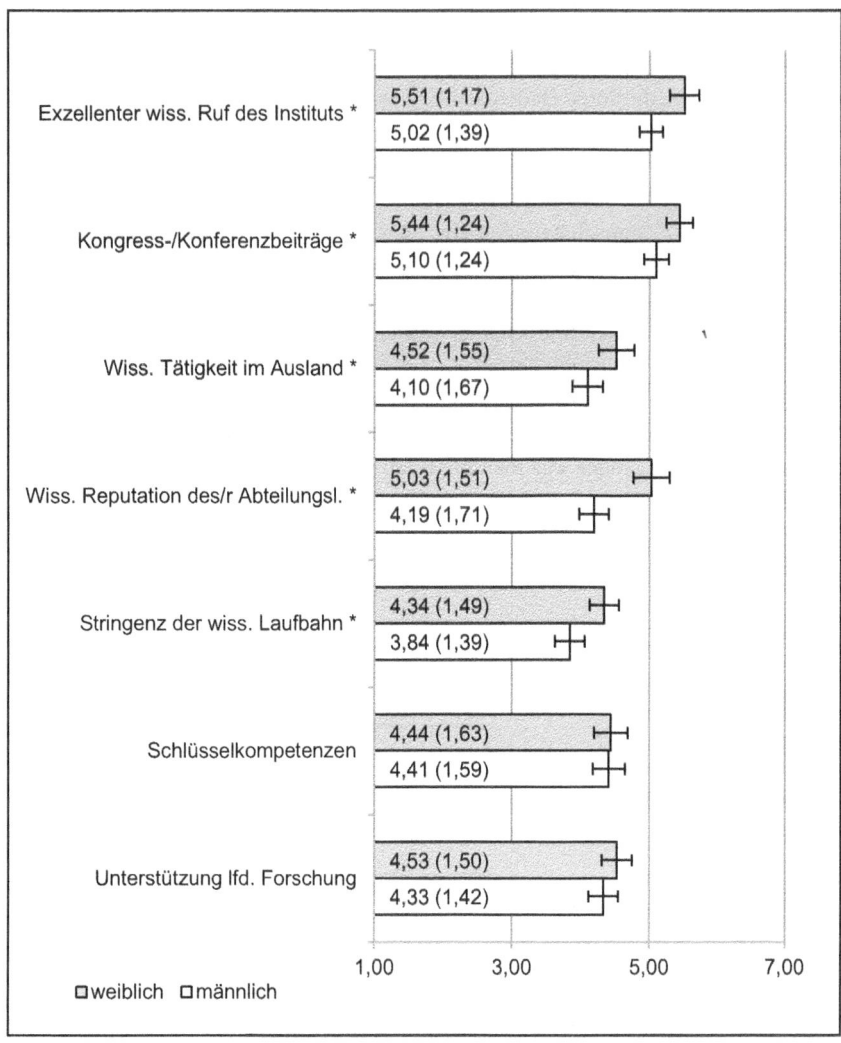

Abbildung 2b

einschätzungen der Frauen sind tendenziell *höher* als die der Männer; aber im Muster *relativer* Wichtigkeiten gibt es keinen Unterschied zwischen den Geschlechtern. Also unterscheiden Männer und Frauen gleichermaßen zwischen dem, worauf es ankommt und worauf nicht.

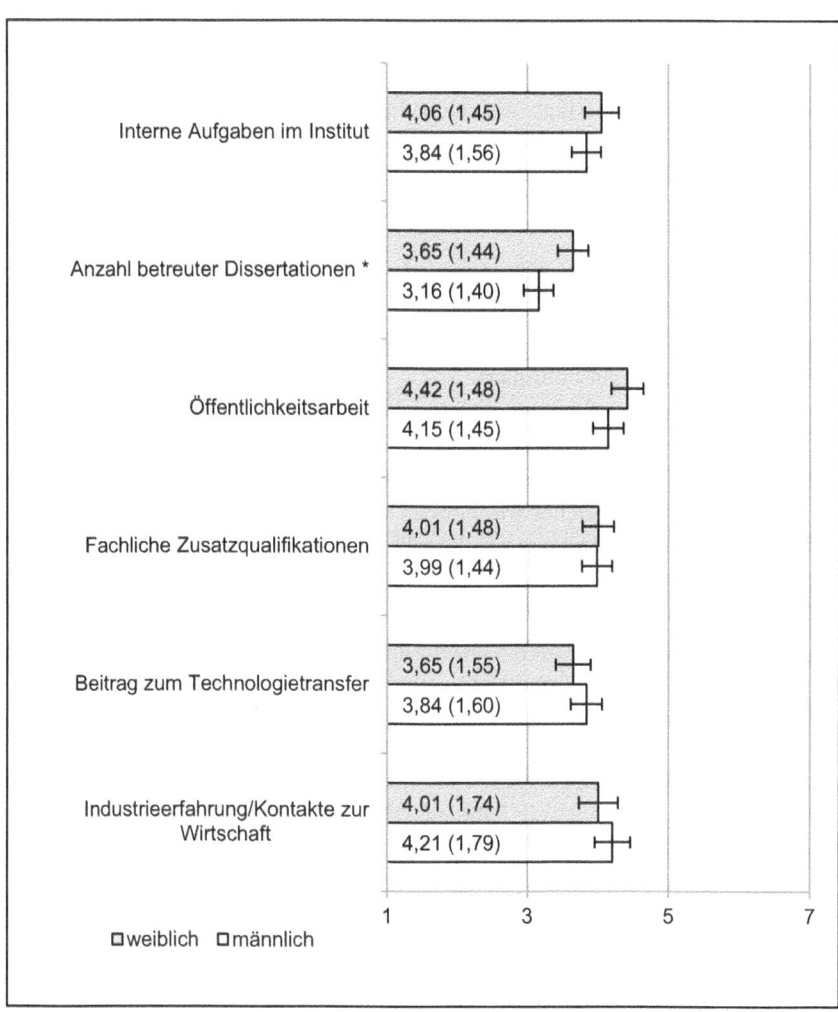

Abbildungen 2 c

Erläuterung: $n = 346$ Forscherinnen und Forscher aus Naturwissenschaften; $n = 155$-162 Männer; $n = 176$-185 Frauen. Wichtigkeitseinschätzung wurde auf einer Skala von 1 bis 7 vorgenommen (1 = völlig unwichtig, 4 = teilweise wichtig, 7 = überaus wichtig). Balken: 95%-iges Konfidenzintervall. * $p<0,05$ statistisch signifikanter Geschlechtseffekt

5 Und jetzt?

Sind wir nicht sehr viel klüger als zuvor: Frauen und Männer wissen beide, worauf es ankommt und wovon man eher „die Finger lassen sollte". Es liegt also nicht am mangelnden Karrierewissen. Die Voraussetzungen sind da: Beide „können"; beide haben auch das „Wissen", ihr Können in die richtigen Bereiche zu kanalisieren.

Der Vergleich zwischen den Einschätzungen der beiden Gruppen von Expertinnen und Experten (Tabelle 1) mit denen der Wissenschaftlerinnen und Wissenschaftler weist eine hohe Deckung auf. Heutige Wissenschaftlerinnen und Wissenschaftler sind gut informiert.

Allerdings ist der Weg zur Zielerreichung in diesen Bereichen oftmals nur wenig formalisiert und durch Aushandlungsprozesse gekennzeichnet. Hier spielt neben dem Geschick zur erfolgreichen Aushandlung möglicherweise auch Regelwissen eine Rolle, welches wir in dieser Untersuchung noch nicht berücksichtigen konnten. Die Bedeutung von Regelwissen soll hier kurz am Beispiel der wichtigsten „Aufstiegswährung" Publikationen illustriert werden. Die Festlegung, wer ein Anrecht auf eine Autorenschaft hat und deren exakte Reihenfolge, ist nicht nur „wissenschaftskulturspezifisch" (d.h. abhängig von den Gepflogenheiten der einzelnen Fachdisziplinen), sondern wird auch innerhalb einer Disziplin von Team zu Team unterschiedlich gehandhabt. So kann es etwa sein, dass die Nennung der Autorinnen und Autoren einer Publikation alphabetisch erfolgt oder aber nach ihrem Beitrag zur Entstehung der Publikation. Unterschiedlich geregelt ist zudem, inwieweit Führungskräfte der Arbeitsgruppe oder des Instituts prinzipiell als Co-Autorinnen und Co-Autoren genannt werden und an welcher Stelle der Reihenfolge dies geschieht. Das bedeutet, dass es für Wissenschaftlerinnen und Wissenschaftler trotz sehr guter wissenschaftlicher Leistungen schwierig sein kann, eine Erstautorenschaft an einer hochrangigen Publikation zu ergattern, da diese durch unterschiedliche Erwartungen und Begehrlichkeiten innerhalb der Teams gefährdet ist oder durch zu viele Mitautorinnen und -autoren verwässert wird. Daher ist es für Forscherinnen und Forscher nicht nur wichtig zu wissen, *dass* für eine erfolgreiche wissenschaftliche Karriere publiziert werden muss, sondern auch, nach welchen impliziten oder expliziten Regeln die Autorenschaft im Team festgelegt wird.

Die Vermutung, dass Geschlechtsunterschiede in diesem Regelwissen bestehen, wird durch weitere Befunde des Projektes gestützt. Dazu wurden aus den

Tabelle 3: Klarheit der Regeln zur Autorenschaft in Abhängigkeit des Geschlechts der
Teamführung und der befragten Wissenschaftlerinnen und Wissenschaftler.

Anmerkungen: Signifikanz: * $p<0,05$, n.s. = nicht signifikant ($n = 102$)

Geschlecht Teamleitung			Geschlecht			Signi-fikanz
			Weiblich	Männlich	Gesamt	
Weiblich	Sind die Re-geln der Auto-renschaft klar?	Nein	14	5	19	χ^2 = 0,44 n.s. (p = 0,51)
		Ja	34	18	52	
		Gesamt	48	23	71	
Männlich	Sind die Re-geln der Auto-renschaft klar?	Nein	3	0	3	χ^2 = 6,04* (p = 0,04)
		Ja	8	20	28	
		Gesamt	11	20	31	

Interviews mit Mitgliedern aus außerhochschulischen Forschungsteams $n = 102$
Interviews herangezogen (ausführlichere Beschreibung der Untersuchung siehe
Studie 5 im Kapitel Dautzenberg et al. in diesem Band). Die transkribierten Interviews wurden einer quantitativen Auswertung unterzogen.[1] Es zeigte sich,
dass in Teams mit *weiblicher* Teamführung Männer und Frauen gleichermaßen
über die Regelung der Autorenschaft bei Publikationen informiert sind, während
in Teams mit männlicher Teamführung Geschlechterunterschiede bestehen. Tabelle 3 zeigt, dass Frauen die Regeln zur Autorenschaft weniger klar sind als
ihren männlichen Kollegen.

Der dargelegte empirische Befund wirft die Frage auf, ob sich in bestimmten Kontexten – wie hier, in einem Team mit männlicher Führungskraft – feine
aber karriereentscheidende Unterschiede im Regelwissen entwickeln. Zwar zeigen die vorherigen Analysen, dass Frauen wie Männer gleichermaßen wissen,
auf welche Leistungskriterien es ankommt. Somit ist dieser Aspekt des Karrierewissens nicht als ursächlich für geschlechterdifferente Karrieren anzusehen. For-
schungsbedarf tut sich jedoch eindeutig hinsichtlich des Regel- bzw. Umset-
zungswissens auf: Wissen Wissenschaftlerinnen und Wissenschaftler in gleichem
Maß, wie sie die Leistungskriterien – angesichts der üblichen Anforderungen
und Zwänge in der Wissenschaft – effektiv und effizient erreichen können?

---

1   Wir danken Christel Blamberg für die sorgfältige Interviewauswertung.

Ausstieg aus der Wissenschaft – eine Frage fehlender weiblicher Motivation?

Annett Hüttges / Doris Fay

1 Erklärungsansätze für beruflichen Ausstieg

Der überproportionale „Verlust" von Frauen auf den höheren Qualifikationsstufen des Wissenschaftssystems im Vergleich zu ihren Einstiegsquoten führt zu der Frage, ob möglicherweise Wissenschaftlerinnen nicht motiviert genug sind, eine beschwerliche, über einen langen Zeitraum hinweg unsichere Forschungslaufbahn einzuschlagen und bis zum Erreichen der Professur durchzuhalten. Zur Beantwortung dieser „Defizit"-Hypothese werden empirische Befunde des Projektes dargestellt, die verdeutlichen sollen, in welchem Maße und aus welchen Beweggründen Wissenschaftler und Wissenschaftlerinnen planen, ihre außerhochschulischen Forschungseinrichtungen zu verlassen und welche Geschlechterdifferenzen hierbei bestehen.

Ein Blick in die Forschungsliteratur zum sogenannten Turnover, also der Fluktuation von Mitarbeiterinnen und Mitarbeitern durch Ausstieg oder Arbeitsplatzwechsel, weist auf eine breite Palette von potentiellen Ursachen hin. Griffeth, Hom und Gartner (2000) fanden in ihrer vielbeachteten Meta-Analyse, dass eine hohe Mitarbeiterfluktuation umso wahrscheinlicher war, je geringer die Arbeitszufriedenheit und emotionale Verbundenheit mit dem Unternehmen ausfiel. Weitere Hinweise auf anstehende Fluktuation waren zudem, dass Personen konkrete Vergleiche zwischen mehreren beruflichen Alternativen vornahmen oder einfach aktuell nach einem neuen Arbeitsplatz suchten. Kleine bis moderate Zusammenhänge zeigten sich zudem zwischen Fluktuation und dem Erleben von Stress auf der Arbeit, mangelndem Teamzusammenhalt, fehlenden Aufstiegschancen, mangelnder Verteilungsgerechtigkeit, schlechtem Führungsverhalten und schlecht gestalteten Arbeitsinhalten, zum Beispiel geringer Autonomie in der Arbeit. Batt und Colvin (2011) zeigten weiterhin anhand von Quer- und

Längsschnittdaten über einen Zeitraum von fünf Jahren, dass der erwünschte Ausstieg von Schlechtleistern einerseits und der dysfunktionale Ausstieg von Leistungsträgerinnen und Leistungsträgern andererseits wider Erwarten durch *identische* organisationale Einflussfaktoren beeinflusst wurden. Personalstrategien des Managements, die auf eine erhöhte Inanspruchnahme der Beschäftigten abzielten (z.B. Präsenzkultur mit langen Arbeitszeiten und elektronischer Kontrolle der Anwesenheitszeiten), resultierten dabei sowohl in steigenden Ausstiegsquoten von Schlechtleistern als auch von Leistungsträgerinnen und Leistungsträgern. Hingegen waren Personalstrategien, die das Schaffen interner Aufstiegsmöglichkeiten, gute Bezahlung und Optionen der Vollzeitbeschäftigung beinhalteten, jeweils mit einer sinkenden Ausstiegsquote verbunden.

DiRenzo und Greenhaus (2011) betonen, dass in einer unsicheren Arbeitswelt ein Ausstieg oder Arbeitsplatzwechsel nicht nur als das letzte Glied in einer langen Prozesskette von Arbeitsunzufriedenheit und immer konkreteren Ausstiegsgedanken betrachtet werden sollte. Vielmehr ist die sich zyklisch wiederholende Suche nach einem neuen Arbeitsplatz äußerst funktional. Stellt eine Person während dieser Suche fest, dass sie über nur unzureichende Arbeitsmarktfähigkeit verfügt, kann dies zu einem selbstregulatorischen Prozess führen, der verstärkt strategisches Karriereverhalten und den Aufbau weiterer Kompetenzen nach sich zieht. Dieser Kompetenzzuwachs wiederum ist vor allem bei gleichzeitig geringer Arbeitszufriedenheit in hohem Maße mit Mobilität auf dem Arbeitsmarkt verknüpft. Offenbar muss also auch ein freiwilliger Wechsel nicht automatisch bedeuten, dass eine Person den Anforderungen des Arbeitsplatzes nicht gewachsen ist, sondern im Gegenteil ein aktuell hohes Kompetenzerleben aufweist.

Ein Blick auf potentielle Geschlechterdifferenzen beim beruflichen Wechsel zeigt, dass entgegen dem Stereotyp, Frauen seien aufgrund familiärer Belange prinzipiell wechselbereiter, die Fluktuationsraten von Frauen und Männern über viele Studien hinweg vergleichbar groß sind (Hom et al., 2000). Frauen verbleiben sogar mit zunehmendem Alter eher im Unternehmen als Männer. Darüber hinaus konnten auch für die Prädiktoren von tatsächlichem Arbeitsplatzwechsel keine Geschlechtsunterschiede festgestellt werden. Mit anderen Worten: Männer und Frauen wechseln aus den gleichen Gründen und vergleichbar häufig ihren Arbeitsplatz.

Die Ergebnisse der vorliegenden Studien zur Fluktuationsneigung sind natürlich nur bedingt auf die Frage anwendbar, warum Frauen im Vergleich zu Männern das Wissenschaftssystem häufiger verlassen (Graf et al., 2011). Die zitierten Untersuchungen versuchen vorherzusagen, weshalb jemand ein Unternehmen verlässt, um sein bzw. ihr Glück in wahrscheinlich derselben beruflichen Laufbahn, vielleicht auch derselben Branche fortzusetzen. Dementgegen handelt es sich bei dem Weggang von Wissenschaftlern und Wissenschaftlerinnen aus der universitären oder außerhochschulischen Forschung doch meist um einen Wechsel, der mit einer größeren beruflichen Neuorientierung einhergeht – für Männer wie Frauen. Obwohl die vorliegenden Ergebnisse also nur bedingt auf den Wissenschaftskontext anzuwenden sind, sollen sie herangezogen werden, um den Verlust von Frauen stärker zu beleuchten. Nach Batt und Colvin (2011) ist ein hoher Arbeitsdruck, also eine hohe Inanspruchnahme, ein Faktor, der zur Fluktuationsneigung beiträgt – verlassen Frauen häufiger das Wissenschaftssystem, weil sie eine geringere Karriereorientierung und eine höhere Work-Life-Balance-Orientierung aufweisen?

In empirischen Studien im US-Amerikanischen Wissenschaftskontext fand Xu (2008), dass Wissenschaftlerinnen und Wissenschaftler zwar ein vergleichbar starkes Interesse an einer akademischen Laufbahn zeigten, jedoch Frauen in den naturwissenschaftlichen Fächern im Vergleich zu ihren männlichen Kollegen stärkere Ausstiegsintentionen aus der Wissenschaft berichteten. Diese Ausstiegsintentionen nahmen erstaunlicherweise zu, je *erfolgreicher* die Frauen bereits publiziert hatten und somit als Leistungsträgerinnen identifiziert werden konnten. Die Autorin erklärt diesen Befund damit, dass Frauen unzufrieden sind mit unzureichender forschungsbezogener Unterstützung und den vorhandenen Aufstiegsmöglichkeiten im Wissenschaftssystem. Der Faktor „Aufstiegsmöglichkeiten" mag im deutschen Wissenschaftssystem einen besonderen Stellenwert haben. Der geringe Anteil unbefristeter Stellen im sogenannten Mittelbau und die wenigen Professuren bzw. Leitungsfunktionen in Dauerstellen verlangen es, eine harte „Up-or-out"-Phase zu überleben. Folglich stellt sich die Frage: Welche Rolle spielt das Bedürfnis nach einer besseren beruflichen Perspektive für den Ausstieg, und gibt es dabei Geschlechtereffekte?

Im Hinblick auf familiäre Verantwortlichkeiten fand Xu (2008) keinen Effekt: diese waren nicht mit erhöhten Ausstiegsintentionen assoziiert. Auch Post, DiTomaso, Farris, et al. (2009) fanden bei Wissenschaftlerinnen und Wissenschaftlern keinen direkten Zusammenhang zwischen Work-Life-Imbalance und Ausstiegsintentionen. Somit scheinen eher strukturelle Faktoren, weniger individuelle, durch Geschlechtsrollenerwartungen geprägte Merkmale für den Ausstieg aus der Wissenschaft relevant zu sein. Diese theoretischen Überlegungen werden im Folgenden durch unsere empirischen Befunde zu Ausstiegsmotiven

von Wissenschaftlerinnen und Wissenschaftlern außerhochschulischer Forschungseinrichtungen ergänzt.

2 Karriereziele von Wissenschaftlerinnen und Wissenschaftlern

In einem ersten Schritt sollte geklärt werden, wie viele der Frauen und Männer
unter den derzeitig Beschäftigten an außerhochschulischen Forschungseinrichtungen überhaupt eine forschungsorientierte Laufbahn in der Wissenschaft ein-
schlagen wollen oder aber perspektivisch eher eine abhängige Beschäftigung
außerhalb der Wissenschaft bzw. die berufliche Selbständigkeit anstreben. Die
Befragungsteilnehmerinnen und Befragungsteilnehmer der Studie 3 (Onlinestudie, siehe Dautzenberg, Fay, Graf, Hüttges, und Schmid in diesem Band) wurden daher gebeten anzugeben, welches von mehreren dargebotenen Karrierezielen ihren persönlichen Wünschen an eine Karriere am ehesten entspricht.
Dabei standen die folgenden Antwortmöglichkeiten zur Verfügung (*Box 1*):

Box 1: Karriereziele von Wissenschaftlerinnen und Wissenschaftlern

---

Forschungsorientierte Laufbahn:

1) Inhaber/in einer Professur (Universität, Fachhochschule) oder äquivalente Position in einer außerhochschulischen Forschungseinrichtung
2) wissenschaftliche/r Mitarbeiter/in in einer Universität oder außerhochschulischen Forschungseinrichtung

Abhängige Beschäftigung:

3) berufliche Laufbahn in der industriellen Forschung
4) berufliche Laufbahn in der Wirtschaft
5) berufliche Laufbahn in der Verwaltung/Politik

Selbständige Tätigkeit:

6) Freiberufler/in
7) eigenes Unternehmen
8) elterlicher Betrieb
9) Übernahme eines Betriebes

Tabelle 1: Präferierte Karriereziele von Wissenschaftlerinnen und Wissenschaftlern
außerhochschulischer Forschungseinrichtungen (Erhebungszeitpunkt 2010);
Nummerierung bezieht sich auf Box 1.

Anmerkungen: Prüfgröße $\chi 2 = 5,12$; df $= 2$; p $= 0,08$

Karriereziele		Geschlecht		
		Männlich	Weiblich	Gesamt
Berufsziel Professur (1)	N	45	44	89
	%	24,9	18,6	21,3
Wissenschaftliche Tätigkeit ohne Führungsverantwortung (2)	N	71	118	189
	%	39,2	50,0	45,3
Tätigkeit in anderem Berufsfeld (3-9)	N	65	74	139
	%	35,9	31,4	33,3
Gesamt	N	181	236	417

In Tabelle 1 sind die präferierten Karriereziele der Befragungsteilnehmerinnen und -teilnehmer zum ersten Messzeitpunkt 2010 dargestellt, wobei alle Personen aus den Berechnungen ausgeschlossen wurden, die bereits eine (Vertre-
tungs-)Professur innehatten. Von 417 Personen mit für diese Fragestellung aus-
wertbaren Daten erachteten mehr als zwei Drittel (21,3 % + 45,3 %) eine forschungsorientierte Berufslaufbahn als attraktives Karriereziel (Antwortmöglich-
keit 1 bzw. 2). Dabei wurde häufiger eine Forschungstätigkeit als wissenschaftliche Mitarbeiterin bzw. Mitarbeiter ohne Führungsverantwortung als ideale
Karrierevorstellung genannt (45,3 %) denn eine Führungstätigkeit im Rahmen
einer Professur (21,3 %). Wissenschaftlerinnen berichteten dabei im Vergleich
zu ihren männlichen Kollegen tendenziell häufiger (50,0 % vs. 39,2 %), eine
forschungsorientierte Laufbahn ohne Führungsverantwortung zu bevorzugen.

Damit wird zunächst einmal deutlich, dass unter Wissenschaftlerinnen und
Wissenschaftlern außerhochschulischer Forschungseinrichtungen auf den Karrierestufen unterhalb einer (Vertretungs-)Professur die forschungsorientierte Laufbahn eine durchaus attraktive Karriereoption darstellt. Allerdings wird auch deutlich, dass der größte Anteil der befragten Personen und dabei überproportional
häufig Frauen eine forschungsorientierte Laufbahn *ohne* Führungsverantwortung
bevorzugen würde. Hier hält das deutsche Wissenschaftssystem jedoch aktuell
kaum unbefristete Stellen bereit.

Tabelle 2:   Präferierte alternative Karriereziele von Wissenschaftlerinnen und Wissenschaftlern außerhochschulischer Forschungseinrichtungen (Erhebungszeitpunkt 2010); Nummerierung bezieht sich auf Box 1.

Anmerkungen: Prüfgröße χ^2 = 5,43; df = 2; p = 0,07

Alternative Karriereziele		Geschlecht		Gesamt
		Männlich	Weiblich	
Abhängige Beschäftigung:	N	21	38	59
Industrielle Forschung (3)	%	32,3	51,4	42,4
Abhängige Beschäftigung:	N	28	25	53
Wirtschaft/Verwaltung/Politik (4, 5)	%	43,1	33,8	38,1
Berufliche Selbständigkeit (6-9)	N	16	11	27
	%	24,6	14,9	19,4
Gesamt	N	65	74	139

Innerhalb der Gruppe von Wissenschaftlerinnen und Wissenschaftlern, die eine berufliche Laufbahn jenseits der Forschung präferieren (Antwortmöglichkeiten 3-9), wurde weiterführend überprüft, in welche alternativen Berufsfelder diese Personen streben (Tabelle 2). Auch hier bleiben Wissenschaftlerinnen und Wissenschaftler nicht berücksichtigt, die bereits die höchsten Stufen des Wissenschaftssystems erreicht haben (Vertretungsprofessur oder Professur).

In Tabelle 2 wird deutlich, dass etwa vier Fünftel (42,4 % + 38,1 %) aller befragten Wissenschaftlerinnen und Wissenschaftler, die eine alternative berufliche Laufbahn außerhalb der Forschung anstreben, eine abhängige Beschäftigung präferieren (Antwortmöglichkeiten 3-5); die berufliche Selbständigkeit wird nur von einem kleinen Anteil angestrebt.

Bei den Wissenschaftlerinnen wird eine deutliche Präferenz für eine bestimmte Laufbahn sichtbar: Mehr als die Hälfte der Respondentinnen (im Vergleich: nur 32,3 % der Männer) bevorzugt eine Beschäftigung in der industriellen Forschung. Frauen suchen scheinbar jenseits einer forschungsorientierten Laufbahn weniger die berufliche Selbständigkeit, sondern vor allem eine Beschäftigung in der industriellen Forschung. Dort suchen sie nach vermutlich vergleichbaren – oder zumindest ähnlichen – Arbeitsinhalten wie in der außerhochschulischen Forschung. Dies bringt zwar ein abhängiges Arbeitsverhältnis mit sich, welches aber vielleicht durch andere Rahmenbedingungen attraktiv ist. So ist dort die Wahrscheinlichkeit auf einen unbefristeten Arbeitsvertrag ungleich höher; auch eine attraktivere Vergütung ist denkbar. Gesucht wird also eine inhaltlich ähnliche Tätigkeit, aber in einem organisationalen Kontext, der von vermutlich nicht weniger Wettbewerb, aber längerfristigen beruflichen Perspektiven gekennzeichnet ist.

3 Beweggründe von Wissenschaftlerinnen und Wissenschaftlern für die Arbeitsplatzsuche außerhalb der Forschung

Nachdem klar geworden ist, dass Frauen und Männer eine wissenschaftliche Laufbahn und im Speziellen eine Professur als fast gleichermaßen attraktiv und beruflich erstrebenswert einschätzen, soll in einem zweiten Schritt überprüft werden, was die Beweggründe für den Ausstieg aus dem Wissenschaftssystem sind und inwiefern hier Geschlechtsunterschiede auszumachen sind. Die befragten Wissenschaftlerinnen und Wissenschaftler wurden daher zum zweiten Messzeitpunkt 2011 um Stellungnahme gebeten, inwiefern sie im Moment ganz konkret nach einem neuen Arbeitsplatz außerhalb der Universität bzw. außerhochschulischer Forschungseinrichtungen suchen. Von 177 Personen traf dies 2011 auf insgesamt 85 Wissenschaftlerinnen und Wissenschaftler zu (48,02 %).

Diese Personen wurden zusätzlich dazu befragt, inwieweit verschiedene mögliche Beweggründe für ihre aktuelle Arbeitsplatzsuche zutreffen. Dazu wurde eine dreistufige Antwortskala von 1 = trifft nicht zu bis 3 = trifft stark zu angeboten. In Abbildung 1 sind diese Beweggründe für eine aktuelle Arbeitsplatzsuche außerhalb der Universität bzw. außerhochschulischen Forschungseinrichtungen absteigend nach dem Ausmaß ihres Zutreffens aufgelistet.

Demnach stellt die schlechte zeitliche Perspektive des Arbeitsverhältnisses für Wissenschaftlerinnen und Wissenschaftler mit deutlichem Abstand den zutreffendsten Beweggrund dar. Darüber hinaus haben diese Personen ebenfalls eher den Eindruck, in ihrer beruflichen Entwicklung behindert zu werden. Fachlich-inhaltliche Aspekte der Forschungstätigkeit spielen hingegen als Auslöser für die Arbeitsplatzsuche außerhalb der Forschungseinrichtung bzw. Universität eine klar untergeordnete Rolle. Ebenso gibt es keinerlei Hinweise darauf, dass Konflikte zwischen privaten bzw. familiären Bedürfnissen und Anforderungen der Arbeit ein zentraler Faktor sind – diese scheinen unter den erfragten Faktoren

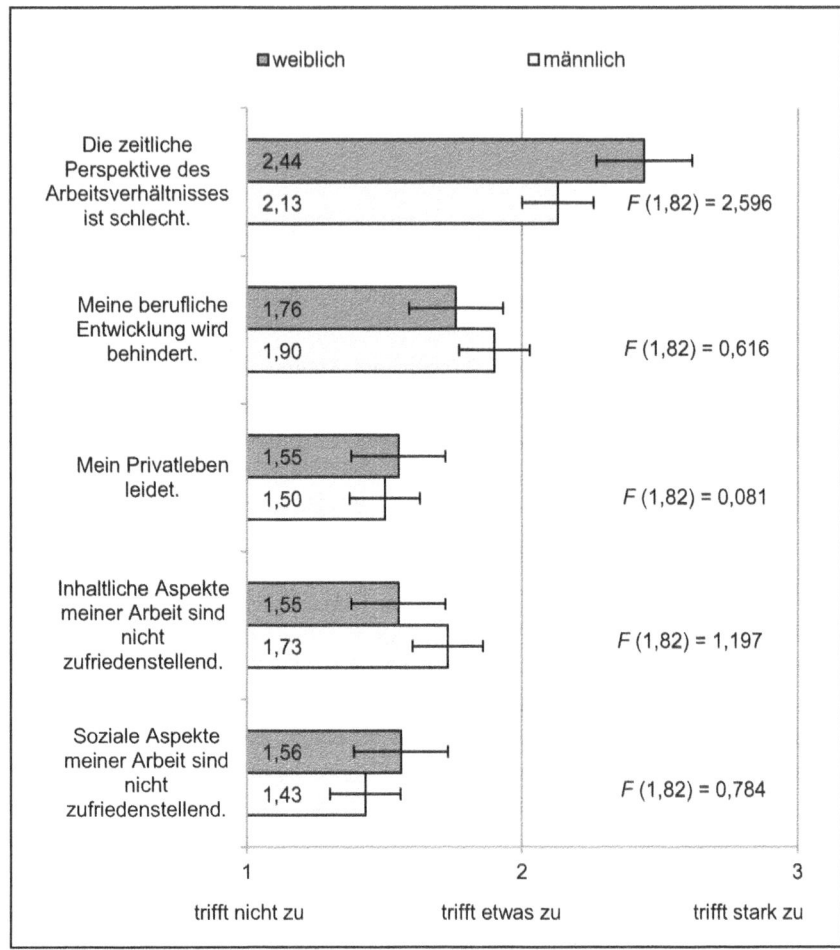

Abbildung 1:   Gründe für aktuelle Arbeitsplatzsuche außerhalb der Universität bzw.
                  außerhochschulischer Forschungseinrichtungen (Mehrfachnennungen
                  möglich; Mittelwerte und Standardfehler; N_{2011} = 85)

fast die geringfügigste Rolle zu spielen. Es bestehen bei keinem Beweggrund
Geschlechtsunterschiede im Hinblick auf das Ausmaß ihres Zutreffens. Damit
decken sich diese empirischen Befunde mit der Meta-Analyse von Griffith et
al. (2000), die ebenfalls keinerlei Geschlechtsunterschiede bei den Prädiktoren
für tatsächlichen Arbeitsplatzwechsel fand.

4 Wertvorstellungen von Wissenschaftlerinnen mit alternativen Karrierezielen

Die bisher vorgelegten Daten zeigen, dass trotz hoher Attraktivität einer forschungsorientierten Laufbahn eine Vielzahl von Wissenschaftlerinnen und Wissenschaftlern eine abhängige Beschäftigung außerhalb von Universitäten bzw. außerhochschulischen Forschungseinrichtungen sucht, da sie die unsichere Beschäftigungsperspektive nicht hinnehmen will. Offen bleibt jedoch, ob Männer und Frauen diese prekäre Arbeitssituation aus unterschiedlichen arbeitsbezogenen Wertvorstellungen verlassen. Mit anderen Worten: Ist es so, dass Männer machtorientiert handeln und berufliche Wirkungsfelder mit mehr Aufstiegs- und Einflusschancen und attraktiverer Vergütung suchen, während Frauen Möglichkeiten suchen, Familie und Privatleben besser ausbalancieren zu können und ein berufliches Wirkungsfeld mit geringeren Anforderungen, weniger Druck und mehr Freizeit für familiäre Belange anstreben?

Dieser Frage wurde in einem dritten Schritt durch weitere Analysen der arbeitsbezogenen Wertvorstellungen nachgegangen. Zunächst wurde geprüft, inwieweit Wissenschaftlerinnen mit Ausstiegsambitionen möglicherweise weniger karriereorientiert sind und stattdessen mehr Wert auf eine positive Work-Life-Balance legen als Wissenschaftlerinnen mit einer klaren Präferenz für eine forschungsorientierte Laufbahn. Ein solches Ergebnis könnte leicht dahingehend interpretiert werden, dass gerade solche Frauen der Wissenschaft verloren gehen, die von vornherein keine ernsthaften wissenschaftlichen Ambitionen hegen und konkrete Familienpläne haben.

Die befragten Personen galten in unserer Onlinestudie als umso stärker karriereorientiert, je eher sie Aussagen auf einer fünfstufigen Skala zustimmten, dass ihnen persönlich „gute Aufstiegschancen" und ein „gutes Gehalt" in der Arbeit besonders wichtig seien. Eine hohe Work-Life-Balance-Orientierung lag dann vor, wenn den befragten Personen „gute Arbeitszeiten", eine „großzügige Urlaubsregelung" und „nicht zu viel Druck" in der Arbeit besonders wichtig waren (Warr 2008). Die Prüfung der vermuteten Unterschiede erfolgte jeweils unter Berücksichtigung der aktuellen Karrierestufe, des Alters und des Vorliegens von Elternschaft, so dass diese Faktoren als Erklärungsalternativen für vorgefundene Unterschiede nicht in Frage kommen. In Tabelle 3 sind die mittleren Ausprägungen der Karriereorientierung und in Tabelle 4 die mittleren Ausprägungen der

Tabelle 3:   Karriereorientierung (Mittelwerte, Standardabweichungen in Klammern) von Wissenschaftlerinnen und Wissenschaftlern mit alternativen vs. Forschungsorientierten Karrierezielen (Erhebungszeitpunkt 2010).

Anmerkungen: $N = 458$; Effekt des Karriereziels: $F(1, 451) = 4,64$, $p = 0,03$; Effekt des Geschlechts: $F(1, 451) = 0,30$; ns; Interaktion: $F(1, 451) = 0,17$; ns.

		Karriereziel		
		Forschungs-laufbahn	Alternative Laufbahn	Gesamt
		MW (SD)	*MW (SD)*	*MW (SD)*
Geschlecht	Männlich	3,25 (0,71)	3,41 (0,69)	3,30 (0,71)
	Weiblich	3,29 (0,66)	3,51 (0,60)	3,35 (0,65)
	Gesamt	3,27 (0,68)	3,46 (0,64)	3,33 (0,68)

Work-Life-Balance-Orientierung von Wissenschaftlerinnen und Wissenschaftlern mit forschungsorientierten (Box 1, Antwortmöglichkeiten 1-2) und alternativen Karrierezielen außerhalb des Wissenschaftskontexts (Box 1, Antwortmöglichkeiten 3-9) vergleichend gegenübergestellt.

Es wird ersichtlich, dass Wissenschaftlerinnen und Wissenschaftler mit alternativen Karrierezielen eine tendenziell höhere Work-Life-Balance-Präferenz aufweisen als ihre Kolleginnen und Kollegen, die in der Forschung bleiben wollen. Diesen Personen ist es also tendenziell wichtiger, in der Arbeit nicht so viel Druck zu erleben sowie über großzügige Urlaubsregelungen und gute Arbeits-

Tabelle 4:   Work-Life-Balance-Orientierung (Mittelwerte, Standardabweichung) von Wissenschaftlerinnen und Wissenschaftlern mit alternativen vs. forschungsorientierten Karrierezielen (Erhebungszeitpunkt 2010).

Anmerkungen: $N = 458$; Effekt des Karriereziels: $F(1, 451) = 2,40$, $p = 0,12$; Effekt des Geschlechts: $F(1, 451) = 2,70$, $p = 0,10$; Interaktion: $F(1, 451) = 0,53$; ns.

		Karriereziel		
		Forschungs-laufbahn	Alternative Laufbahn	Gesamt
		MW (SD)	*MW (SD)*	*MW (SD)*
Geschlecht	Männlich	3,01 (0,81)	3,12 (0,78)	3,04 (0,80)
	Weiblich	3,10 (0,73)	3,34 (0,78)	3,17 (0,75)
	Gesamt	3,06 (0,76)	3,24 (0,78)	3,11 (0,77)

zeiten zu verfügen. Darüber hinaus zeichnet sich ein Trend dahingehend ab, dass Frauen eine etwas höhere Work-Life-Balance-Orientierung aufweisen als Männer. Beide Unterschiede – zwischen den Geschlechtern und zwischen Ausstiegswilligen vs. Ausstiegsunwilligen – liegen allerdings nur als Tendenz vor.

Interessanterweise zeigen Wissenschaftlerinnen mit alternativen Karrierezielen *gleichzeitig* auch eine höhere Karriereorientierung als ihre weiblichen Kolleginnen, die eine forschungsorientierte Laufbahn anstreben (vgl. Tabelle 3). Diesen Frauen ist also nicht nur eine positive Work-Life-Balance wichtiger, sondern auch, dass sie ein gutes Gehalt erzielen und gute Aufstiegschancen vorfinden. Dieser Unterschied in der Karriereorientierung trifft ebenfalls auf die männlichen Wissenschaftler zu.

5 Schlussbemerkung

Insgesamt wird offensichtlich, dass die forschungsorientierte Laufbahn von beiden Geschlechtern als attraktives, aber in Bezug auf die Stellensituation gleichzeitig unsicheres Beschäftigungsfeld angesehen wird. Es kann keinesfalls argumentiert werden, dass man auf weibliche Aussteigerinnen aus der Wissenschaft gut verzichten könne, da es sich hier um Frauen mit Familienplänen handelt, die sowieso keine ernsthaften wissenschaftlichen Ambitionen hätten und somit auch kein wertvolles Humankapital verschenkt würde. Im Gegenteil: Wissenschaftlerinnen mit alternativen Karrierezielen wollen beides – Work-Life-Balance, aber auch Karriere. Die außerhochschulischen Forschungseinrichtungen verlieren gerade die Frauen, die sich stark mit den Inhalten ihrer Forschungsarbeit identifizieren, allerdings bessere karrierebezogene Entwicklungsperspektiven erwarten.

Interviews

Bärbel Kerber

Der Beitrag von Hüttges und Fay hat den Ausstieg aus dem Wissenschaftssystem aus der Perspektive individueller und damit persönlicher Motive einerseits und struktureller Gegebenheiten des Wissenschaftssystems andererseits betrachtet. Die folgenden Interviews, die Frau Dr. Bärbel Kerber mit Dr. Kathrin Hoppe und Dr. Kirsti Dautzenberg führte, weisen zusätzlich darauf hin, welche Vielfalt an Faktoren zu der Entscheidung für einen Weg außerhalb der klassischen Forschungseinrichtungen beitragen.

Interview mit Frau Dr. Kathrin Happe

Eine Aussteigerin erzählt

„Ist das wirklich das, was du tun willst?"

Bärber Kerber: Sie sind heute stellvertretende Leiterin der Abteilung Wissenschaft, Politik und Gesellschaft an der *Leopoldina*? Was genau ist die *Leopoldina*?

Kathrin Happe: Die *Deutsche Akademie der Naturforscher Leopoldina*, ist Deutschlands Nationale Akademie der Wissenschaften und hat den Auftrag, Politik und Gesellschaft zu beraten. Das machen wir auf die aktuell drängenden Fragen hin maßgeschneidert und in einer großen Freiheit – das heißt, es handelt sich um unabhängige wissenschaftsbasierte Beratung. Ich nenne mal zwei Beispiele: Wir haben aktuell eine Stellungnahme zur Bioenergie veröffentlicht, die sehr kontrovers diskutiert wird und hohe Wellen schlug. Vor eineinhalb Jahren sahen wir Beratungsbedarf zur Präimplantationsdiagnostik. Die Themen kommen aus den Reihen der Mitglieder. Unsere Mitglieder – derzeit sind es etwa

1.400 Mitglieder – werden berufen und sind die jeweils besten Köpfe der Wissenschaft.

Bärber Kerber: Und was konkret ist Ihre Aufgabe dabei?

Kathrin Happe: Es müssen hierzu Arbeitsgruppen eingerichtet werden, was ein sehr formaler Prozess ist. In diesen Arbeitsgruppen kommen die Mitglieder zusammen, um die Stellungnahmen zu erarbeiten. Wir – und das ist auch meine Aufgabe – sind die Schnittstelle der Arbeitsgruppe für alle Aktivitäten und betreuen diese organisatorisch wie auch inhaltlich. Ich persönlich betreue die Gesundheitsthemen. Dazu gehören momentan zum Beispiel Arbeitsgruppen zur Personalisierten Medizin, zur Palliativmedizin oder zur Antibiotika-Resistenzproblematik. Und als stellvertretende Abteilungsleiterin befasse ich mich darüber hinaus auch mit vielen Dingen, die die Akademie intern betreffen.

Bärber Kerber: Was haben Sie davor gemacht?

Kathrin Happe: Ich habe in Agrarwissenschaften promoviert und war lange in der Forschung tätig, zuletzt am *Leibniz-Institut für Agrarentwicklung in Mittel- und Osteuropa*, habe gut publiziert, Drittmittel eingeworben, Promovenden betreut, also all das, was es für ein erfolgreiches Wissenschaftlerinnenleben wohl braucht. Dann war ich noch ein Jahr in der Geschäftsstelle des *BioÖkonomie-Rates*. Ich stand auch gewissermaßen kurz vor einer Professur. Zweimal war ich zum „Vorsingen" eingeladen.

Bärber Kerber: Wie kam es dann dazu, dass Sie einer bevorstehenden Karriere in der Wissenschaft den Rücken kehrten?

Kathrin Happe: Ich gewann zunehmend die Einsicht, dass ich, um gute Wissenschaft machen zu können, davon überzeugt sein muss, dass mich das mein ganzes Berufsleben trägt und ich das nicht nur aus Fleiß mache. Das klingt jetzt möglicherweise abschätzig der Wissenschaft gegenüber. Aber ich finde die Frage „Ist es das, was du tun willst und was du gut kannst?" ganz wichtig! Diese Frage wird einem aber in der Wissenschaftskarriere in der Regel nicht gestellt – vor allem, wenn man Erfolg hat –, weil es in der Wissenschaft nur um Themen und Inhalte geht. Es geht jedoch weniger um solche „weichen" Faktoren, d.h. Wissenschaftlerinnen und Wissenschaftler werden in meiner Wahrnehmung und in meiner Erfahrung nicht dazu angeregt, sich mit Kriterien wie Lebenszufriedenheit, Passung zu den individuellen Bedürfnissen, Werten, Stärken und Schwächen auseinanderzusetzen. Außerdem habe ich schon früh gemerkt, dass ich viel

Freude an dem ganzen Drumherum habe, den Managementsachen und strategischen Überlegungen – also das, was für viele unliebsames Beiwerk ist. Und ich habe früh erkannt, dass es meine Fähigkeit ist, verschiedene Menschen miteinander zu verbinden. Inhalte und Themen sind wichtig, aber sie sind nicht mein leitendes Prinzip.

Bärber Kerber: Wie reagierte Ihr Umfeld auf Ihre Entscheidung, aus der Wissenschaftskarriere auszusteigen und zur *Leopoldina* zu gehen?

Kathrin Happe: Diese Entscheidung erforderte von mir viel Kraft. Ich habe aber keine Ablehnung erfahren, weil ich das gut erklären konnte. Ich habe wohl auch zum Nachdenken angeregt. Als ich bekanntgab, was ich tue, kamen so manche Nachfragen. Ich glaube, die Frage „Wie kann die aussteigen?" hat in einigen durchaus etwas bewegt und Türen geöffnet. Ein bisschen ist das ja wie ein Coming-out. In der Wissenschaft gibt es ja meist ganz klare Karrierevorstellungen, wenn man gut ist. Da gibt es kaum krumme Karrieren, sondern nur entweder geradlinige oder keine.

Bärber Kerber: Wie haben Sie es dann letztendlich geschafft, Ihren Weg zu gehen?

Kathrin Happe: Ich konnte die Entscheidung erst treffen, als ich mich frei fühlte – frei von inneren Erwartungen und von äußeren Erwartungen. Das war ein schweres Ringen, das dauerte lang bei mir. Und das hat ein Stück weit mit diesem Karrieregedanken zu tun und dem Glauben, man sei nur frei, wenn man eine Professur habe. Irgendwie ist damit ja immer die Verheißung von etwas ganz Großem und Wichtigem verbunden. Es war ein längerer Prozess, sich davon freizumachen. Viele schaffen das nie, was schade ist. Ich denke, es gäbe viel mehr zufriedene Wissenschaftler und Wissenschaftlerinnen, wenn sich mehr von ihnen frühzeitig in einen solchen Prozess hineinbegäben. Aber ich muss zugeben, ich hatte auch das große Glück, dass ich Sicherheit hatte. Ich hatte immer einen Vertrag und immer sichere Verträge, so dass ich mich diesen Fragen auch stellen konnte, und ich habe mich auch zuletzt aus einem unbefristeten Vertrag heraus auf meine jetzige Stelle beworben.

Bärber Kerber: Betrachten und fühlen Sie sich primär als Agrarökonomin, als Wissenschaftlerin oder als Politikberaterin?

Kathrin Happe: Es ist schon interessant, dass in Sitzungen in der Vorstellrunde erst einmal gesagt wird, in welchem Studienfach die Leute einen Abschluss haben – auch wenn diese schon längst etwas anderes machen. Ich muss dann immer sagen „von der Ausbildung her bin ich Agrarökonomin", habe damit aber – völlig entgegen meinen Erwartungen – bisher eher Interesse geweckt. Aber als was sehe ich mich? Ich sehe mich als Unterstützerin an der Sache oder den Menschen, damit die ihre Aufgaben in der Akademie möglichst gut erfüllen können. Ich unterstütze sie dabei, wodurch ich mich immer wieder auf verschiedene Dinge, verschiedene Menschen, verschiedene Kulturen einlassen muss. Das ist natürlich immer nur Stückwerk, das heißt, ich bin nie Expertin. Aber das ist mir eigentlich auch recht.

Bärber Kerber: Sie sind nun seit 2010 bei der *Leopoldina.* Welche Perspektiven haben Sie dort? Wie geht es bei Ihnen weiter?

Kathrin Happe: Die Frage der Karriereplanung ist für mich persönlich nicht wichtig. Ich merke, das ist für mich kein Thema. Die Entwicklung wird in der *Leopoldina* durch die Vielfalt und das Unplanbare angestoßen, also dadurch, dass ich mich immer auf etwas Neues einzustellen habe und das auch darf. Das gefällt mir sehr!

Bärber Kerber: Haben Sie Ihren Ausstieg nie bedauert? Ist der Weg zurück in die Wissenschaft kein Thema?

Kathrin Happe: Nein. Es ist auch herrlich, ich habe immer wieder Anfragen erhalten, mich auf Professuren zu bewerben – vor gar nicht so langer Zeit erst wieder. Ich habe die in der Vergangenheit auch durchaus ernst genommen und nochmal innerlich sehr genau meine Motivation geprüft. Einmal bin ich auch auf eine Anfrage, mich doch zu bewerben, hingefahren, um für mich zu erspüren „Wie fühlt sich das jetzt an? Könnte das etwas für mich sein?" Und ich merkte, nein, das ist es nicht.

Bärber Kerber: Was ist für Sie in Ihrer heutigen Arbeit leichter und was ist vielleicht schwieriger als vorher?

Kathrin Happe: Schwerer ist, dass ich ein Stück weit fremdbestimmt bin von Menschen mit sehr vollen Terminkalendern. Dadurch kann ich regelmäßige Aktivitäten außerhalb der Arbeit nicht mehr so einfach machen bzw. muss jonglieren. Daran musste ich mich anfangs gewöhnen, das hat ein halbes Jahr gebraucht. Aber wenn ich Unterstützerin bin, gehört das dazu. Mittlerweile ist das für mich in Ordnung. Als leichter hingegen empfinde ich, dass es nicht nur von mir abhängt, ob eine Sache zum Erfolg führt und es nicht um mein Renommee geht.

Bärber Kerber: In der hier vorliegenden Studie konnte festgestellt werden, dass gerade bei Wissenschaftlerinnen schon früh „Ausstiegsgedanken" da sind. Die zeitliche Befristung der Verträge und die damit verbundene Unsicherheit werden nicht selten als Belastung empfunden.

Kathrin Happe: Ja, dieses Sich-ständig-kümmern-Müssen um Anschlussverträge und Drittmittelfinanzierungen etc., das ist eine besondere und schwierige Situation, in der sich Wissenschaftlerinnen und Wissenschaftler befinden. Umso erstaunlicher und beachtenswerter finde ich, dass sich trotzdem immer wieder so viele darauf einlassen. Ich bin mir auch nicht sicher, ob es allen immer so klar ist, was es bedeutet, Wissenschaftlerin zu sein. Mir fällt das auf, seit ich bei der *Leopoldina* mit so vielen außergewöhnlichen Mitgliedern zu tun habe. Das sind Wissenschaftlerinnen und Wissenschaftler, für die es eine Berufung ist, was sie tun, und die mit ganzem Herzen und vollster Freude dabei sind. Das sind echte Ausnahmeerscheinungen.

Bärber Kerber: Gerade Frauen erzählen zum Beispiel nicht selten, dass sie ihren Beruf in der Wissenschaft nur schwer mit Familie vereinbaren können. Können Sie das bestätigen?

Kathrin Happe: Das kann ich nicht beantworten, weil es mich nicht betrifft und es auch kein Beweggrund für mich war. Ich erlebe aber bei den Mitgliedern der *Leopoldina*, dass gerade viele der jüngeren Frauen, die hier Mitglied sind, Kinder haben.

Bärber Kerber: Andere berichten auch davon, dass sie sich als Frau in der Wissenschaft benachteiligt bzw. weniger unterstützt fühlen. Wie sind da Ihre Erfahrungen?

Kathrin Happe: Das kann ich teilweise nachvollziehen. Aber das ist für mich kein Grund zu sagen „Ich mach da jetzt nicht mehr mit." Vordergründig bringe ich sämtliche Voraussetzungen mit, dass ich die Top-Wissenschaftskarriere machen könnte. Da ist es dann schon sehr ungewöhnlich, dass ich ausstieg.

Bärber Kerber: Was müsste bzw. könnte in den Universitäten und Forschungsinstituten getan werden, um „Drop-outs" von Frauen in der Wissenschaft zu verhindern?

Kathrin Happe: Ich würde sagen: Kommt von diesem ewigen Denken in Zahlen runter, also wir brauchen x Prozent Frauen etc.! Wenn ihr gute Wissenschaft und Menschen haben wollt, die dahinter stehen, was sie tun, müsst ihr auch etwas dafür tun, dass sie das können. Das heißt im Umkehrschluss, ihr müsst am Ende alles dafür tun, dass diese Menschen eine begründete und freie Entscheidung treffen können, diesen Weg zu gehen. Dazu braucht es aber eine gewisse Sicherheit, um sich diese Fragen überhaupt in aller Freiheit stellen zu können. Das kann allerdings im Endeffekt bedeuten, dass mehr Leute die Wissenschaft verlassen – dass aber andere dafür überzeugter drin bleiben, weil es wirklich das ist, was sie können. So rigoros wäre ich.

Bärber Kerber: Würden Sie sich überhaupt als „Aussteigerin" bezeichnen lassen wollen? Das Etikett „Aussteigerin" hat immerhin einen negativen Beigeschmack im Sinne von „etwas aufgeben".

Kathrin Happe: Ja, das hat eine negative Konnotation, weil wir so eine gradlinige Vorstellung im Kopf haben, das aber so oft gar nicht funktioniert. Ich würde Aussteigen viel mehr als Wandel begreifen wollen. Beim Lesen des ersten Bandes Ihrer Studie ist mir aufgefallen, dass wir immer in diesen Kategorien denken und Entwicklungen daran messen: „Was sind die Karrierechancen? Wo geht es hin? Wie ist die Karriereplanung?" Das finde ich zu kurz gegriffen, denn selbst wenn ich alle drei Fragen mit „Nein" beantworten müsste, heißt das nicht, dass ich unglücklich wäre und es mir schlecht ginge. Auf meine Situation bezogen: Wo ich jetzt bin, heißt das ja nicht, dass ich dort nichts bewegen kann. Im Gegenteil. Es funktioniert nur anders.

Interview mit Frau Dr. Kirsti Dautzenberg

Politikberatung statt Universitätskarriere

„Es war eine natürliche Entwicklung."

Bärber Kerber: Wo arbeiten Sie, und was genau ist Ihre Aufgabe?

Kirsti Dautzenberg: Ich begann im Mai 2011 bei einer Consulting-Firma in der Abteilung Wirtschaftspolitik, die überwiegend Beratung für den öffentlichen Sektor anbietet, nämlich Politikberatung. Im Grunde mache ich gar nichts anderes als vorher an der Universität auch. Ich fertige fast ausschließlich Studien fürs Bundesministerium für Wirtschaft und Technologie sowie verschiedene Landesministerien an. Z.B. zur Thematik „Wachstum oder Finanzierung von Unternehmen". Die Beratungsfirma „Rambøll" ist ein dänisches Unternehmen, welches ich mir ausgesucht hatte, weil ich dachte, das passt von den Themen her zu mir. Der zweite Grund, der für „Rambøll" sprach, war, dass man dort großen Wert auf Work-Life-Balance legt und es sehr flache Hierarchien gibt. Jetzt bin ich ganz neu Abteilungsleiterin geworden. Und das bedeutet, dass ich nun plötzlich vor allem Management mache. Ich habe 15 Leute in der Abteilung und muss die Wirtschaftspolitikabteilung steuern.

Bärber Kerber: Sie hatten sich dieses Unternehmen konkret gewählt. Wie haben Sie es geschafft, genau dort, bei Ihrem Wunscharbeitgeber, dann auch eine Stelle zu bekommen?

Kirsti Dautzenberg: Das Unternehmen hatte eine Stelle ausgeschrieben, die nur allerdings nicht so ganz auf mich passte, da sie in Richtung Familienpolitik ging. Weil ich aber das Unternehmen spannend fand, rief ich dort an und fragte, ob sie nicht auch Interesse an Ökonomen haben. Und ich habe ihnen ein wenig von meinem Profil erzählt. Daraufhin meinten sie, ich solle mich unbedingt bewerben. So habe ich also eine Initiativbewerbung losgeschickt, worauf drei sehr intensive Bewerbungsgespräche folgten und mir gesagt wurde: „Ja, das passt gut."

Bärber Kerber: Nun standen Sie damals aber auch kurz vor Ihrer Habilitation. Wie kam es dazu, dass Sie ausgerechnet zu diesem Zeitpunkt aus dem Wissenschaftsbetrieb raus wollten?

Kirsti Dautzenberg: Stimmt. Meine Habilitationsschrift ist fertig. Dafür, dass ich trotzdem ging, gab es ganz konkrete Gründe. Der Betreuer meiner Habilitation –

Herr Reger – ist verstorben. Damit hatte ich nicht nur meinen Mentor verloren, sondern mir war klar, dass nun die Situation entstehen würde, die üblicherweise an Hochschulen bei einer Nachbesetzung entsteht. Der Nachfolger bzw. die Nachfolgerin würde seine bzw. ihre eigenen Leute mitbringen wollen. Mit dem personellen Wechsel ist auch oft eine Veränderung der Forschungsschwerpunkte verbunden. Da wird es meist schwierig, Habilitandinnen und Habilitanden unter einer neuen Leitung weiterzubeschäftigen. Zudem war mein Arbeitsbefristungsvertrag abgelaufen. Die sechs Jahre nach der Promotion waren zu Ende. Ich hätte wahrscheinlich noch mit drittmittelfinanzierten Projekten verlängern können. Das wollte *ich* aber nicht. Mir war klar, dass ich in dem Moment, in dem die Stelle von Herrn Reger neu besetzt wird, gehen wollte. Und das habe ich auch relativ strategisch und in Ruhe vorbereitet. Ich wusste, dass die Nachfolgerin im April kommen wird, und so habe ich ab Oktober aktiv gesucht.

Bärber Kerber: Bei Aussteigerinnen wird gerne genauer hinterfragt, ob familiäre Gründe ausschlaggebend waren. Das Problem der Vereinbarkeit betrifft nun einmal Frauen stärker, auch heute noch. In Ihrem Fall waren es aber offensichtlich keine „frauentypischen" Gründe, weshalb Sie gingen, sondern es lag eher daran, dass Ihr Mentor und Habilitationsvater verstarb?

Kirsti Dautzenberg: Ich weiß gar nicht, ob dies das Ausschlaggebende war. Vielleicht wäre ich auch gegangen, wenn Herr Reger noch da gewesen wäre. Ich glaube, ich hatte auch keine Lust mehr, nach diesen sechs Jahren wieder auf Drittmittelprojekten zu arbeiten und mich von Projekt zu Projekt zu hangeln. Es gibt an der Universität keine wirkliche Perspektive im Mittelbau. Und das bedeutet für mich, irgendwann ist man ja für alles zu alt! Es ging bei mir eher um die Entscheidung „was nun"? Für eine Professur war ich regional zu sehr eingeschränkt. Und ich konnte einfach nicht erkennen, dass sich in absehbarer Zeit – so in zwei, drei, vier Jahren – etwas ergeben hätte. Sonst hätte ich das vielleicht noch einige Zeit gemacht. Aber es muss ja irgendwo hinführen! Einen Mittelbau gibt es nicht, in dem man eine langfristige Perspektive hat, und somit ist die Möglichkeit, sich zu entwickeln und einen eigenen Forschungsbereich aufzubauen, eher eingeschränkt. Dort nur alt zu werden und meine Lehre und Forschung zu machen, das kam nicht in Frage. Da gibt es spannendere Sachen.

Bärber Kerber: Hatten Sie sich denn auch an anderen Universitäten beworben?

Kirsti Dautzenberg: Nun, ich schaute nur nach Professuren im Umkreis Potsdam und Berlin. Doch da gibt es nichts – vielmehr, das kann man an zwei Fingern abzählen. Ich sagte mir deshalb: Ich kann mir ja in Ruhe anschauen, was sich dort in den nächsten Jahren tut und arbeite jetzt erst einmal in einem Bereich, in dem ich von der Tätigkeit her nicht so sehr viel anderes mache als an der Universität. Mir *war* recht schnell klar, dass ich keine Universitätsprofessur bekomme. Vor allem nicht, wenn man niemanden hat, der einen unterstützt, sprich: wenn man keinen Mentor hat. Ich bin zudem Agrarökonomin und war erst seit vier Jahren im Bereich Gründung und Innovation tätig, das macht es noch schwerer. Bei den Fachhochschulen sieht das etwas anders aus. Die suchen aber auch nach Leuten, die Erfahrungen aus Unternehmen mitbringen. Und das bedeutet, wenn ich dies hier ein paar Jahre mache, versperrt es mir bestimmt nicht den Weg an eine Fachhochschule.

Bärber Kerber: In eine andere Stadt umzuziehen oder in ein anderes Bundesland, das kam für Sie nicht in Frage?

Kirsti Dautzenberg: Nein, der Umkreis Potsdam/Berlin ist für mich aufgrund meiner familiären Situation die Prämisse Nummer eins. Bestimmt hätte ich in Süddeutschland oder Norddeutschland eine Chance auf eine Professur bekommen. Aber mit einem damals eineinhalbjährigen Kind und drei Kindern in der Summe hätte ich in der Familie keine Akzeptanz erfahren. Das hätte man überhaupt nicht verstanden, und eine Situation, in der ich meine Kinder und die Familie nur am Wochenende sehe, hätte ich definitiv nicht gewollt. Die Entscheidung für Kinder und Familie hieß von Anfang an, auch im Alltag für sie da zu sein und mit ihnen zu leben, und das kann ich nicht, wenn ich nur am Wochenende da bin.

Bärber Kerber: Und die Variante, die von männlicher Seite häufig gewählt wird, nämlich mit der ganzen Familie umziehen ...?

Kirsti Dautzenberg: ... die geht mit einem Mann nicht. Keine Chance! Überhaupt keine. *(Lacht.)* Die geht nur, wenn man die Frau mitnimmt. Nein, vielleicht wäre es sogar gegangen. Aber es gibt viele persönliche Gründe, aus denen das nicht zumutbar gewesen wäre. Ich hätte das gar nicht fragen müssen. Und ich muss sagen, ich versteh es sogar. Ich hätte das meinem Partner nicht angetan.

Bärber Kerber: Waren Ihre Kolleginnen und Kollegen und Ihre Vorgesetzten an der Universität überrascht, als Sie kündigten? Oder haben Sie schon im Vorfeld angedeutet, dass Sie etwas Neues suchen?

Kirsti Dautzenberg: Ich hatte das nicht explizit gesagt. Aber mein Vertrag lief aus, und das hat keinen überrascht. Das war eine logische Konsequenz. Es haben ohnehin viele den Lehrstuhl verlassen. Die neue Lehrstuhlinhaberin hat ihre eigenen Mitarbeiter mitgebracht. Das ist einfach normal.

Bärber Kerber: Die hier vorliegende Studie zeigt, dass es gerade bei Wissenschaftlerinnen schon früh „Ausstiegsgedanken" und einen vagen Plan B gibt. Wie war das bei Ihnen?

Kirsti Dautzenberg: Ich habe mir darüber keine Gedanken gemacht. Ich habe meine Promotionszeit beispielsweise sehr genossen. Mein Einstieg am Anfang war auch sehr bewusst. Ich wollte damals unbedingt noch promovieren, weil ich die Arbeit, die ich bis dahin gemacht hatte, sehr oberflächlich fand. Irgendwie fehlte es mir, nochmal etwas zu lernen, Wissen, das tiefer geht. Der Ausstieg und die Umstiege dazwischen waren dagegen auch zufallsgetrieben, oder besser, sie hatten sehr stark auch mit den Möglichkeiten zu tun, die sich jeweils ergaben.

Bärber Kerber: Als was sehen Sie sich denn heute? Als Agrarökonomin, als Wissenschaftlerin oder als Beraterin?

Kirsti Dautzenberg: Die Agrarökonomie ist schon weit weg. Ich sehe mich als Wissenschaftlerin – oder besser: als jemand, der Forschung betreibt. Nach wie vor. Denn ich mache nach wie vor klassische Auftragsforschung.

Bärber Kerber: Sie sagen, inhaltlich habe sich nicht viel verändert für Sie. Was aber ist heute dennoch anders?

Kirsti Dautzenberg: Nun, wir machen zwar Auftragsforschung wie an der Universität auch, aber mit einem anderen Blickwinkel. Gravierend anders ist der Blickwinkel, wie ich mit den Aufträgen umgehe und wie ich die Kunden einbeziehe. Da haben wir einen systemischen Ansatz, das bedeutet, wir sind klar kundenorientiert. Zum Beispiel kommuniziere ich regelmäßig mit dem Auftraggeber. Wir sehen uns nicht nur als Studienersteller, sondern versuchen, das reinzuholen, was sich die Kunden vorstellen. Beispielsweise möchte das Wirtschaftsministerium nicht nur Daten ausgewertet haben, sondern will vor allem umsetzbare Handlungsempfehlungen. Das Systemische dabei ist, das Gegenüber möglichst gut zu verstehen und seine Erwartungen konkret herauszufinden. Die Universitätsarbeit ist im Gegenzug vielleicht etwas fundierter. Bei uns herrscht da der ökonomische Druck.

Bärber Kerber: Gibt es etwas, das Sie aus Ihrer Zeit an der Universität vermissen?

Kirsti Dautzenberg: Vom Konzept her fühle ich mich in diesem Unternehmen jetzt sehr wohl! Doch von der Tiefe und Qualität her, da könnte man manchmal etwas verbessern. Das hat aber durchaus mit diesem „Nicht-Getriebensein" an der Uni zu tun. Dort kann man sich einfach mehr Zeit lassen.

Bärber Kerber: Könnten Sie sich vorstellen, irgendwann in Zukunft wieder an die Universität zurückzukehren?

Kirsti Dautzenberg: Warum nicht? (*Lacht.*) Aber mir gefällt es sehr gut hier in dem Unternehmen.

Bärber Kerber: Sind die Bedingungen bei „Rambøll" an Ihrem jetzigen Arbeitsplatz besonders familienfreundlich?

Kirsti Dautzenberg: Unsere Mitarbeiter sind vom Durchschnittsalter her sehr jung. Viele bekommen gerade Kinder. Und all jene, die Eltern werden, gehen auch in Elternzeit – auch die Männer. Wir haben auch Managementpositionen in Teilzeit oder in Elternzeit. Und das geht! Der Geschäftsleitung ist das auch sehr wichtig, weil es zur Unternehmenskultur gehört. An der Universität dagegen ist das kein Thema. Klar konnte ich dort ebenso Elternzeit nehmen. Aber das gehört dort nicht zur Kultur, das heißt, es wird nicht thematisiert. Keiner sagt explizit „Wir wollen das". Bei „Rambøll" hingegen tut man vieles dafür, auch jene Leute zu halten, die wegen ihrer Kinder zeitlich eingeschränkter sind.

Bärber Kerber: Eine Frage drängt sich im Rahmen der Drop-out-Thematik auf: Ist das Etikett „Aussteigerin" nicht unnötig negativ behaftet? Wie denken Sie darüber?

Kirsti Dautzenberg: Meine Meinung hierzu ist wohl eher: Ja, schon der Begriff *Aussteigerin* klingt negativ. Außerdem trifft es nicht die Sache. Beruf und Arbeit ist eine Seite des Lebens, und Familie, Freunde und das eigene Ich sind weitere, und irgendwie müssen die alle zusammenpassen, damit ich glücklich bin. Für alles muss Zeit sein, und es sollte sich gut anfühlen, wenn man das eine oder das andere gerade macht. Das heißt nicht, dass ich nicht heute schon viele Kompromisse eingehen muss, vor allem was die Zeit angeht. Aber wenn das überhaupt nicht möglich ist, z.B. weil die Arbeitsstelle 500 km entfernt liegt, nur damit ich im „Wissenschaftsbetrieb" bleiben kann, dann passt das nicht zusammen.

Wenn mein Team erfolgreich ist, bin ich es auch? Zum Zusammenhang zwischen Teamerfolg und individuellem Erfolg von Wissenschaftlerinnen

Patricia Graf / Judith Reißner / Sylvia Schmid

Teamfähigkeit, gute Kommunikation im Team, Erfahrung im Projektmanagement – dies sind die Anforderungen, die heutzutage auch im Wissenschaftsbereich ein Stellenprofil prägen. Die Wissenschaft scheint sich also dem Trend angeschlossen zu haben, Arbeitsprozesse in Gruppen und in abgesteckten Arbeitspaketen zu bewältigen. Diese Entwicklung lässt sich von mehreren Sichtweisen aus betrachten. Der Fokus der Innovationsforschung liegt auf den Vorteilen von multidisziplinären Arbeitsbeziehungen sowie den guten Wissensflüssen, die durch Feedbackschleifen entstehen. Das Konzept der *offenen Innovation* zollt dem Paradigmenwechsel von Einzel- zu Gruppeninnovatorinnen und -innovatoren Rechnung (Chesbrough 2003). Von Seiten der Teamforschung wurden die Bedingungen für erfolgreiche Teamprozesse intensiv beleuchtet (Ancona und Bresman 2007; Buchinger 2004; Büchel und Armbruster 2006; Brodbeck 2007). Verschiedene Modelle existieren hier, die den Informationsflüssen im Team, den verschiedenen Rollen oder den zur Verfügung stehenden Ressourcen jeweils unterschiedliche Wichtigkeit einräumen. Die Ebene des Individuums im Team wird dagegen eher von der Arbeits- und Organisationspsychologie sowie der Karriereforschung betrachtet (Frese und Fay 2001). Hier sind sowohl die erfahrene Unterstützung als auch der Grad der Zufriedenheit im Team Gegenstand der Betrachtung.

Die Frage nach dem *Zusammenhang zwischen Teamerfolg und individuellem Erfolg* wird jedoch kaum gestellt. In unserem Beitrag setzen wir deshalb an der Schnittstelle zwischen erfolgreichen Teamprozessen und der Zufriedenheit bzw. der Unterstützung des Individuums an. Die Analyse sozialer Schnittstellen soll sowohl das Handeln einzelner Akteurinnen und Akteure als auch institutionelle Rahmenbedingungen und Machtfelder mit einbeziehen (Long 1993, S. 218). Gegenstand der Forschung ist hier nicht das Individuum per se, sondern die Interaktion in sozialen Situationen (Long 1993, S. 229).

Im Folgenden wird ausgehend von gängigen Teamdefinitionen betrachtet, welche Rolle der Erfolg des Individuums im Teamprozess spielt und wie sich, umgekehrt, die Arbeit im Team auf die individuelle Karriereentwicklung auswirkt. Anhand von qualitativem Material wollen wir die Erfahrungen der interviewten Wissenschaftlerinnen und Wissenschaftler sprechen lassen. Dabei betrachten wir, inwiefern die erfahrene Unterstützung im Team einer geschlechterdifferenten Wirkungsweise unterliegt.

1   Teamarbeit in Wissenschaft und Forschung – Was sagt die Theorie?

„Ein Team ist eine kleine Gruppe von Personen, deren Fähigkeiten einander ergänzen und die sich für eine gemeinsame Sache, gemeinsame Leistungsziele und einen gemeinsamen Arbeitsansatz engagieren und gegenseitig zur Verantwortung ziehen" (Katzenbach und Smith 1993, S. 70).

Aus Katzenbach und Smiths Teamdefinition halten wir fest, dass es sich bei Teams um

- kleine Gruppen von Personen handelt,
- deren Fähigkeiten sich ergänzen und
- die sich für eine gemeinsame Sache, gemeinsame Leistungsziele
- und einen gemeinsamen Arbeitsansatz engagieren und
- gegenseitig zur Verantwortung ziehen.

Anhand der Definition von Rosenstiels (von Rosenstiel 2003) lassen sich folgende Punkte als Teammerkmale ergänzen:

- Ein Team besteht über längere Zeit.
- Die Mitglieder stehen in direktem Kontakt,
- gemeinsame Normen werden entwickelt, und
- Kohäsion, d.h. ein Wir-Gefühl, besteht.

Überträgt man diese allgemeinen Teamdefinitionen auf das konkrete Feld der Wissenschaft, ergeben sich daraus die von Rey-Rocha et al. (2006) festgehaltenen Kriterien:

- A collection or cluster of two or more people
- belonging to a single research unit (department, laboratory, etc.),
- with common scientific interests and objectives,
- working on one or more common lines of research,
- sharing tasks and resources in order to achieve their objectives,
- usually publishing together, and
- having a certain degree of economic and decision-making autonomy.

Heinz Schuler (2006) nennt zwei zentrale Merkmale aufgabenorientierter Gruppen:

1) Gemeinsame Ziele und
2) soziale Interaktion oder auch Kooperation im Sinne wechselseitiger Einflussnahme und Abhängigkeit der Teammitglieder.

Hier unterscheidet Schuler zwei Formen von Kooperation:

1) Kooperation durch zielgerichtetes Ineinandergreifen individueller Handlungen und
2) Kooperation durch das koordinierte Austauschen von Information, Bewertungen und Meinungen, etwa beim kollektiven Planen, Problemlösen, Beurteilen und Entscheiden.

Auch Verbeck (2001, S. 5) bestätigt die Relevanz von Kooperation und betont die Notwendigkeit der Zielgerichtetheit in der Interaktion der einzelnen Mitglieder für Innovationsprozesse: Durch einen funktionierenden Kommunikationsfluss werden Informationen, Daten sowie Wissen transferiert und neue Erkenntnisse generiert. Damit sind neben der zielgerichteten Interaktion gute Kommunikationsstrukturen für eine erfolgreiche Kooperation im Team zentral (Högl und Gemünden 2001, S. 437). Einen wichtigen Beitrag zur Bedeutung der Kooperation für das forschende Individuum leisten Rey-Rocha et al. (2006). Sie heben den Zusammenhang zwischen guter Teamarbeit und der Qualität der Publikationen hervor.

Ziel von Interaktion in Teams ist die Koordination. Hier lassen sich, Scharpf (2000) und Braun (2008) folgend, positive und negative Formen der Koordination unterscheiden. Von *negativer Koordination* sprechen sie beispielsweise dann, wenn interdependente Akteure über genügend Vetopunkte verfügen, um das Ergebnis des einseitigen Handelns des Anderen einzuschränken oder rückgängig zu machen. Von *positiver Koordination* kann gesprochen werden, wenn es um die gemeinsame Entwicklung von Lösungen geht. Nur bei dieser positiven Bedeutung von Koordination handelt es sich um Kooperation. Für den Fall, dass interdependente Akteurinnen und Akteure, in unserem Fall das Team, gemeinsam Strategien und Visionen entwickeln, hat Guy Peters (2006, S. 6) den Begriff der *strategischen Koordination* entwickelt.

Schuler (2006) folgend, gehen wir zunächst von der Kooperation im Sinne positiver Koordination (Scharpf 2000; Braun 2008) als Kernprozess des Teams aus. Den oben dargestellten Teamdefinitionen folgend, könnte diese im Arbeitsumfeld Wissenschaft und den zum größten Teil interdisziplinären Teams im Finden gemeinsamer Lösungen bestehen, in der Übernahme geteilter Aufgaben und in der geteilten Verantwortung.

Für Wissenschaftlerinnen und Wissenschaftler könnte sich hieraus ein großer Mehrwert ergeben, denn durch den Vorteil der interdisziplinären Perspektive bzw. der Ergänzung der verschiedenen Erfahrungen gewinnt das gemeinsame Endprodukt an Qualität, was auch die individuelle Karriere befördert. Wie sieht die Wirklichkeit in den von uns untersuchten 25 Forschungsteams aus? Und wie nutzen Wissenschaftlerinnen und Wissenschaftler das Team als Unterstützung für ihre eigene Karriere? Im Folgenden betrachten wir, ausgehend vom Begriff der *Kooperation*, wie die von uns untersuchten Forschungsteams mit dem Spannungsverhältnis zwischen eigener Karriere und Teamerfolg sowie zwischen Beruf und Privatleben umgehen.

2 Methodisches Vorgehen

Für unsere Studie haben wir 156 Teammitglieder aus insgesamt 25 Forschungsteams der außerhochschulischen Forschung befragt. Von den Teams lassen sich fünf den Geistes- und Sozialwissenschaften und 20 den Naturwissenschaften zuordnen. Der Zugang zu den Teams erfolgte über die Institutsleitungen.

Die Teamgröße variierte zwischen zwei und zwölf Mitgliedern. 56 % der interviewten Teammitglieder waren weiblich, 44 % männlich. 23 % der befragten Frauen und 9 % der befragten Männer befanden sich in einer Teamleitungs-

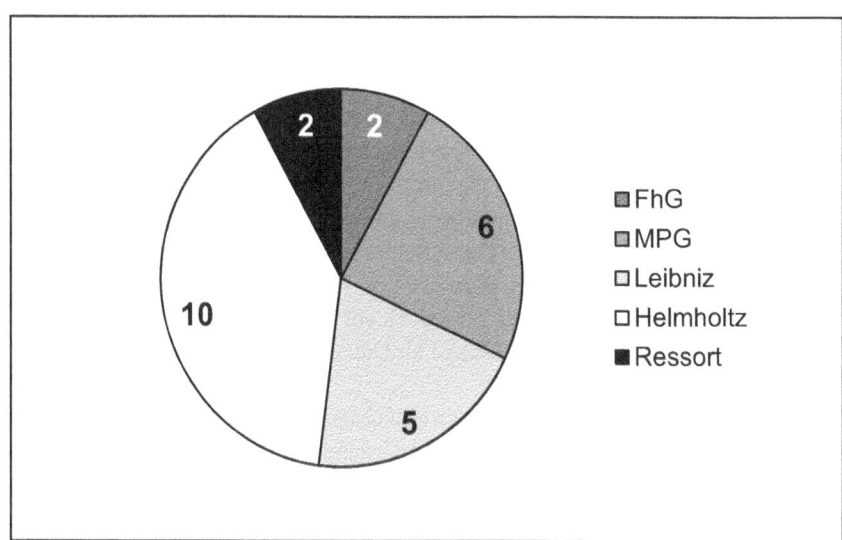

Abbildung 1:   Häufigkeitsverteilung der befragten Teams auf die Forschungsgesell-
                schaften/-gemeinschaften

funktion. Der Anteil der kinderlosen Wissenschaftlerinnen und Wissenschaftler
überwog mit 65 %. Die von uns untersuchten Teams waren in Bezug auf die im
Team vertretenen Fächer eher homogen. Das Alter der Teammitglieder bewegte
sich zwischen 24 und 65 Jahren. Ein Großteil der Teams hat Mitglieder unterschiedlicher Altersgruppen. In Bezug auf die Nationalitäten waren die Teams
eher homogen. 75 % aller befragten Teammitglieder waren deutscher Nationali-
tät. Die befragten Wissenschaftlerinnen und Wissenschaftler waren zum Großteil
befristet beschäftigt (74 %), wobei sich hier keine signifikanten Geschlechterunterschiede zeigten. 28 % der Befragten finanzierten sich über Drittmittel, 56 %
über Haushaltsmittel, 9 % über ein Stipendium und 7 % über eine Mischfinanzie-
rung. Die Interviewten werden als P1.1 bis P25.4 aufgeführt.

    Um den Mehreneneneffekt in den Forschungsorganisationen zu unter-
suchen, führten wir, zusätzlich zu den Interviews mit Mitgliedern aus den Forschungsteams, 29 leitfadengestützte Interviews mit Expertinnen und Experten
aus den Geschäftsstellen sowie Instituten und Abteilungen (siehe Beitrag von
Dautzenberg et al. in diesem Band). Diese werden im Folgenden als P1 bis P29
aufgeführt.

Exkurs: Vom Umgang mit großen Datenmengen in der qualitativen Auswertung

Ziel unserer Studie war es zu untersuchen, wie sich die teamförmige Arbeits-organisation auf konkrete Karriereverläufe von Wissenschaftlerinnen und Wissenschaftlern in außerhochschulischen Forschungseinrichtungen auswirkt. Die Art der Fragestellung machte ein exploratives Vorgehen sinnvoll. Dabei hatten wir den Anspruch, sowohl eine möglichst große Vielfalt an Teams abzudecken, als auch die subjektiven Bedeutungszuschreibungen der Wissenschaftlerinnen und Wissenschaftler zum Ausdruck zu bringen. Mit der Entscheidung, insgesamt 156 Interviews zu führen, standen wir jedoch vor der Aufgabe, eine für die qualitative Forschung ungewöhnliche Menge an Daten mit nichtstandardisierten Verfahren auswerten zu wollen.

Hierfür entwickelten wir ein Auswertungsdesign, das verschiedene Methoden der kategorienbasierten Textanalyse (Grounded Theory und Thematisches Codieren) kombiniert, mit dem Ziel, sowohl dem Material in seiner Tiefe gerecht zu werden, als auch den Datenumfang handhabbar zu machen. Die Analysesoftware *Atlas.ti* ermöglichte uns dabei ein systematisches und transparentes Auswerten dem Text inhärenter Inhalte und Muster auch über große Textmengen hinweg (Muhr und Friese 2001).

Die Forschungsstrategie der Triangulation[1] erwies sich hierbei über alle Analyseschritte hinweg als ein wichtiger Aspekt, auf den wir im Folgenden näher eingehen wollen.

Triangulation lässt sich aus mehreren Perspektiven betrachten (Steinke 2007; Denzin 1970):

1) Daten-Triangulation
2) Untersucherinnen- und Untersucher-Triangulation
3) Theorie-Triangulation
4) Methoden-Triangulation oder „Mixed Methods"

Daten-Triangulation meint die Nutzung verschiedener Datenquellen innerhalb einer Untersuchung. Dahinter steht einerseits die Idee, dass sich verschiedene

---

1   Vertreterinnen und Vertreter der Postmoderne sprechen anstelle von *Triangulation* von *Kristal-lisation* in der Methodenkombination (Janesick 2003). Damit setzen sie der kritischen Annahme (vor allem aus konstruktivistischer Richtung), dass Triangulation nur auf der Basis einer objektiven Realität existieren könne, eine neue Perspektive entgegen (Bryman 1992; Denzin und Lincoln 2005). Dem folgend ist unser Ziel auch nicht, ausschließlich äquivalente Ergebnisse zu erzeugen. Vielmehr sehen wir den Mehrwert der Kombination verschiedener Methoden und Sichtweisen gerade in der Vielfältigkeit der Ergebnisse: Jede Herangehensweise ermöglicht einen anderen Blick auf ein Phänomen.

Schwachpunkte unterschiedlichen Datenmaterials ausgleichen, und dass andererseits ein möglichst breiter Blick auf das untersuchte Phänomen entsteht. So sind unsere Interviews mit den Teammitgliedern eingebettet in Interviews mit Expertinnen und Experten der Geschäftsstellen und Institute (N ≈ 29), einer Längsschnitt-Onlineerhebung (N ≈ 700) und Workshops (N ≈ 10) mit Mitgliedern außerhochschulischer Forschungsteams sowie in die Analyse themenrelevanter Dokumente.

Werden verschiedene Forscherinnen und Forscher bei der Datenerhebung und -auswertung einbezogen, spricht man von *Untersucherinnen- oder Untersucher-Triangulation*. In unserem Fall zeigte sich die Vielfalt vor allem in der Interdisziplinarität (Psychologie, Politikwissenschaft, Agrarökonomie, Soziologie und Ethnologie) des Forscherinnenteams.

In den unterschiedlichen Analysephasen – der Entwicklung der Codes und des Analyserasters, bei der Codierung der Gesamtinterviews sowie der Auswertung der codierten Textstellen – waren diskursive Prozesse im Team und Intercoderreliabilitätsprüfungen (Mayring 2010) zentral. In Gruppendiskussionen wurden Abstrahierungsgrad der Codes, Auswahl, Ausdifferenzierung, Ankerbeispiele und Codebeschreibungen ausgehandelt.

Beim Analysieren des Gesamtmaterials wurden in allen Interviews diejenigen Textstellen markiert, die implizit oder explizit Informationen zu den zuvor generierten Codes enthielten. Der Codier-Leitfaden als Instrumentarium der Analyse wurde in einem permanenten Prozess überprüft und an das Material angepasst. Auch hier kam der Untersucherinnen-Triangulation eine wichtige Funktion zu: Indem einzelne Interviews von mehreren Personen zunächst unabhängig voneinander codiert wurden, konnte anschließend über Abweichungen und Überschneidungen im Team eine diskursive Einigung erzeugt werden.

So ermöglichte die Auswertung durch mehrere Personen uns nicht nur die Bearbeitung der großen Datenmenge in dem uns vorgegebenen Zeitrahmen, sondern durch die diskursiven Prozesse und Intercoderreliabilitätsprüfungen wurden Analyseraster und Codedefinitionen kontinuierlich geschärft. Hierin sehen wir einen wichtigen Aspekt in der Qualitätssicherung qualitativer Forschung.

Unter *Theorie-Triangulation* wird die Anwendung multipler Theorien und Hypothesen auf einen Untersuchungsgegenstand verstanden. So haben wir bereits bei der Entwicklung des theoriegeleiteten Interviewleitfadens unterschiedliche Theorien aus Soziologie, Politikwissenschaft, Arbeits- und Organisationspsychologie sowie Genderstudien einbezogen. Hierzu gehörte beispielsweise der von Acker (1991) entwickelte Ansatz der „vergeschlechtlichten Struktur von Organisationen", Eva Kreiskys Theorien der Kooptation und Männerbünde (2006), die beide an dem geringen Formalisierungsgrad von Rekrutierungs- und Beförderungsstrukturen ansetzen, Rosabeth M. Kanters Konzept des Tokenismus (1993), aber auch Theorien zu Teamklima und -prozessen (Eisenberger et al. 1986; Kauffeld 2001; Brodbeck und Maier 2001).

Methoden-Triangulation oder *Mixed Methods* meint die Kombination von quantitativen und qualitativen Methoden (Tashakkori und Teddlie 1998, Tashakkori und Teddlie 2003). Zusätzlich zur qualitativen Auswertungen wurden Teile der Interviews quantifiziert. Auf diese Ergebnisse konnten wir an verschiedenen Stellen der Auswertung zurückgreifen. So konnten wir beispielsweise einzelne Codes und Textstellen nach Geschlecht der Interviewpartnerinnen und -partner getrennt auswerten.

Zur Entwicklung der Codes haben wir uns stark an dem induktiven Vorgehen der Grounded Theory (Kelle 2007; Clarke 2012; Mey et al. 2011) orientiert. Das offene Codieren eröffnet den Forschungsprozess, indem zunächst induktiv zahlreiche Codes aus dem Datenmaterial heraus entwickelt werden (Kuckartz 2010). Aufgrund der hohen Interviewanzahl konnten wir nicht das komplette Material sorgfältig durcharbeiten, sondern haben nach der Methode der Fallkontrastierung (Steinke 2007) vier Forschungsteams ausgewählt. Ziel dieser explorativen Vorgehensweise war es, auch die subjektiven Deutungs- und Bewertungsmuster der Befragten, die sich nicht mit unseren theoretischen Vorannahmen und den in den Leitfaden eingearbeiteten Fragen und Themen decken müssen, zum Ausdruck zu bringen.

Für die weiteren Auswertungsschritte und die Entwicklung eines Codierleitfadens haben wir uns an der Methode des *thematischen Codierens* nach Hopf et al. angelehnt (Hopf 1985; Hopf und Schmidt 1993; Schmidt 2010). Während das Ziel der Grounded Theory stark auf der Generierung von Theorien liegt, ermöglicht das thematische Codieren auch die Weiterentwicklung und Überprüfung bestehender Theorien.[2] Ähnlich wie die Grounded Theory weist auch dieses Vorgehen große Nähe zum Material auf, indem alle Schritte unmittelbar am Text vorgenommen werden und das Material durch das Codieren nicht überflüssig wird (Kuckartz 2010).

---

2   Es geht hier jedoch nicht um eine Theorieüberprüfung in generalisierender Weise, sondern um eine „fallbezogene Überprüfung der Gültigkeit einer Theorie mittlerer Reichweite" (Kuckartz 2010, S. 85).

Durch diesen Prozess des Pendelns zwischen Datenmaterial und theoretischer Fokussierung sowie des diskursiven Schärfens von Begrifflichkeiten, des Abstrahierens und Ausdifferenzierens entstanden schließlich 88 Codes unterschiedlicher Art: Strukturelle Codes ermöglichten es, die Wechselwirkungen zwischen den Strukturen des Arbeitsumfeldes und der Karriereentwicklung von Wissenschaftlerinnen und Wissenschaftlern zu untersuchen. Über Codes zu den konkreten Arbeitsbedingungen ließen sich Arbeitsklima und Leistungserwartungen, Exzellenzdruck, Unterstützungsleistungen, Personalpolitik oder Arbeitszeitenregelungen definieren. Weiterhin wurden Codes entwickelt, um Mechanismen und Dynamiken zu beschreiben, welche im Sinne intervenierender Variablen (fördernd oder hemmend) Einfluss auf Karriereverläufe nehmen. Hierzu gehören Mechanismen der Normierung und Verstetigung von Stereotypen und von Machtstrukturen sowie der Zuschreibung (aufgrund von Geschlecht, Alter, Familie etc.). Schließlich entstanden Codes, die die Wirkungszusammenhänge im Falle des kritischen Ereignisses „Arbeitsausfall" im Sinne einer Fallstudie beschreiben.

Die codierten Textstellen wurden schließlich auf zweierlei Weise ausgewertet: Erstes Ziel war eine Materialzusammenstellung der textimmanenten Themen und Muster. Den Schwerpunkt der Auswertung stellte dann die Einzelanalyse ausgewählter Codes bzw. Codekombinationen (Kookkurrenzen) dar. Die quantifizierten Daten leisteten hier (auf dem Wege des Erstellens von „Interview-Familien") einen wichtigen Beitrag zur Strukturierung des Materials.

Trotz der Schwierigkeiten, große Datenmengen mit qualitativen Ansprüchen zu vereinen, gelang es uns mit Hilfe der oben beschriebenen Methodenkombination, dem Datenmaterial gerecht zu werden. Indem wir die Perspektive der Teammitglieder nicht aus dem Auge verloren, konnten wir die Wissensbezüge und Wirkungszusammenhänge rekonstruieren und zugänglich machen. Mit Hilfe des veranschaulichenden Interviewmaterials und des offenen und im Team reflektierten Analyseprozesses gelang es uns, Schlussfolgerungen transparent zu gestalten und aussagekräftige Ergebnisse zu generieren.

3 Wissenschaftskarrieren im Spannungsfeld zwischen Teamarbeit und individuellem Erfolg

Bereits eine oberflächliche Analyse verschiedener Stellenausschreibungen sowie Ausschreibungen für Forschungsaufträge der Bundesministerien zeigt, dass Forschungsteams oft eine von außen vorgegebene Struktur sind und weniger eine von innen gewachsene Gruppe, etwa im Sinne der wissenschaftlichen Produktionsgemeinschaften, wie sie Gläser (2006) untersucht. Wir betrachten deshalb in einem ersten Schritt, welche Bedeutung die Wissenschaftlerinnen und Wissenschaftler selbst der Arbeit im Team zuwiesen und inwiefern Teamarbeit als Mehrwert definiert wurde.

3.1   Wie definieren Wissenschaftlerinnen und Wissenschaftler selbst erfolgreiche Teamarbeit?

Die Interviewauswertung der Definitionen von Teamarbeit durch die Mitglieder der Forschungsteams selbst zeigt ein weites Spektrum: Die Skala der Definitionen bewegt sich hier zwischen einer pragmatischen Sichtweise mit einem losen Zusammenhalt der Teammitglieder bis hin zu einer stark sozialen Sichtweise, in der das Miteinander und die gegenseitige Unterstützung betont werden. Wir konnten keine Geschlechterdifferenzen hinsichtlich der Skala feststellen. Erfahrungs- und Ideenaustausch sowie gemeinsame Problemlösungen sind für die Wissenschaftlerinnen und Wissenschaftler signifikante Merkmale von Teamarbeit.

Auch die Probleme der Teamarbeit zeigen sich bereits in den Definitionen. So äußerten Wissenschaftler*innen* wie Wissenschaftler gleichermaßen, dass für eine gute Teamarbeit der „Einblick in das Tun der anderen" sowie ein Interesse an der gegenseitigen Arbeit wichtig seien. Hier wurden in den Interviews oft Negativbeispiele von Teammitgliedern aufgeführt, die einander gegenseitig aus dem Arbeitsalltag ausschlössen und Informationen vorenthielten. Auch in Bezug auf das gemeinsame Publizieren im Team wurden von Frauen und Männern ähnliche Themenfelder angesprochen. Zum einen wurde hier die Angst geäußert, in Publikationen, an denen man mitgearbeitet hat, nicht als Autor oder Autorin genannt zu werden. Zum anderen wurde aber auch die Hoffnung thematisiert, durch ergänzende Perspektiven bessere Publikationen erzielen zu können.

Auch Gleichberechtigung im Team wurde von beiden Geschlechtern als wichtige Bedingung für Teamarbeit angeführt:

„Und ich finde auch die flachen Hierarchien als sehr angenehm, dass man jetzt nicht unbedingt solche Befehlsstrukturen hat, weil das in der Regel dann dazu führt, dass einem die Sachen nicht gesagt werden, dass man Angst hat, etwas auszudrücken, und das ist in meinen Augen meistens uneffektiv" (P13.1).

In den Unterkategorien ergeben sich jedoch unterschiedliche Ausprägungen, die im Hinblick auf den Zusammenhang zwischen Teamarbeit und Karriereerfolg wichtige intervenierende Variablen darstellen könnten: So finden sich in den Erwartungen der Befragten an Teamarbeit Unterschiede zwischen den Wissenschaftlerinnen und Wissenschaftlern. Bei Wissenschaftler*innen* sind funktionale Aspekte wie das gemeinsame Planen und die Projektorientierung stark ausgeprägt. Dass die Planung von Aufgaben im Team erfolgen kann oder sollte, wurde dagegen von Wissenschaftlern überhaupt nicht erwähnt. Auch die Regelmäßigkeit von Teamtreffen und Teamkommunikation als Bedingung für erfolgreiche Teamarbeit wurde vor allem von den Wissenschaftler*innen* betont. Dies ist insofern interessant, als wir in der quantitativen Auswertung der qualitativen Daten einen signifikanten Zusammenhang zwischen der Regelmäßigkeit der Teamtreffen und dem Grad der empfundenen Unterstützung durch das Team feststellen konnten. Wissenschaftler*innen* scheint also an *strategischer Koordination* im Sinne von Guy Peters gelegen zu sein, die für Innovationen eine besondere Bedeutung hat. Auch Gedankenaustausch und gemeinsame Ideenentwicklung nehmen für Wissenschaftler*innen* eine wichtigere Stellung ein als für Wissenschaftler:

„Also ich denke, es ist ein besonders kreatives Zusammenarbeiten. Also ich würde schon sagen, dass das Team ein gutes Team ist und ein erfolgreiches. Es könnte noch erfolgreicher werden. Aber da arbeiten wir dran. Das, was wir erreicht haben, ist auch schon schön, und mir macht es immer wieder Spaß, mit allen zusammenzusitzen und gemeinsam an Projekten zu spinnen und Daten zu interpretieren, und wir arbeiten ja sehr stark [mit der X-Methode]. Da [sind diese Arbeitspakete] zu erstellen, und da bringt jeder seinen Beitrag, und da kommt eins zum anderen, und das ist eine tolle befruchtende Arbeit, dass wir inspiriert wieder rausgehen und sagen toll, wir hatten wieder eine Wahnsinnssitzung. Das macht einfach Spaß" (P21.1).

Auch die geteilte Verantwortung (*„Dass wir uns gemeinsam verantwortlich fühlen"*, P6.5) und die Bedeutung von Selbstorganisation werden nur von Wissenschaftler*innen* erwähnt:

„Es war mir auch wichtig, dass ich da nicht diejenige bin, die da einteilt, sondern dass die das untereinander gut abstimmen. Dass eben bestimmte Personen sich um die Evaluation kümmern, die anderen organisieren mehr, dass die Personen dann

auch zur Veranstaltung kommen, dass die Räume da sind, die Getränke usw., also der gesamte organisatorische Ablauf" (P18.1).

Die Vermutung liegt also nahe, dass Wissenschaftler*innen* stärker auf die Struktur des Teams zurückgreifen, indem sie häufigere Teamtreffen einfordern und die Planung und Verantwortung eher teilen. *Positive Koordination* scheint also für sie eine große Bedeutung einzunehmen. Betrachtet man aber die Vorteile von Teamarbeit, vor allem die Unterstützung durch das Team, so finden sich hier ausschließlich Nennungen durch die männlichen Teammitglieder. Es werden verschiedene Unterstützungsleistungen genannt, die sich gut in folgendem Zitat eines befragten Wissenschaftlers zusammenfassen:

> *„Ja, man tauscht sich immer aus. Entweder geht es darum, irgendwie Frust abzuladen, oder es ist häufig so, dass man mit einem Experiment nicht weiterkommt und dann die Kollegen fragt, ob sie eine Idee haben oder Ähnliches schon einmal gemacht haben. Da hilft man sich schon weiter, und das ist auch eine Art von Teamarbeit"* (P17.6).

Bei den Wissenschaftler*innen* wurden als Vorteile zwar der Erfahrungsaustausch und die verschiedenen Perspektiven genannt, es wurden aber keine konkreten Unterstützungsleistungen aufgezählt. Wissenschaftler*innen* messen also eher den *Inputfaktoren* positiver Koordination – geteilte Verantwortung, gemeinsame Planung – große Bedeutung bei, weniger aber den *Outputfaktoren*!

Sowohl von Wissenschaftler*innen* als auch von Wissenschaftlern wird Teamarbeit auch als Zusammenführen getrennter Arbeitspakete definiert. Interessanterweise wurde nur von Wissenschaftler*innen* hier der Zwiespalt zwischen der Promotion, die alleine erfolgen muss, und gemeinsamer Teamarbeit reflektiert. So antwortete ein befragtes Teammitglied auf die Frage der Interviewerin, warum sie das, was sie macht, nicht als Teamarbeit empfindet:

> *„Zum einen liegt es daran, dass man die Promotion doch mehr oder weniger allein machen sollte, und zum anderen daran, dass ich thematisch einen anderen Schwerpunkt habe als die anderen"* (P6.3).

In diesem Fall wird das Team zwar als Ansammlung interdependenter Akteurinnen und Akteure dargestellt, es kann aber nicht zur positiven Koordination kommen, da die Voraussetzungen für einen Nutzen Aller fehlen.

Die Bildung von Teams entsteht in einem Prozess zwischen struktureller Einbettung (in Abteilungen, Institute etc.) und Interaktion zwischen den Teammitgliedern. Dabei können die Teammitglieder die Teamstruktur unterschiedlich stark als „von oben bestimmt" empfinden. In unserem Interviewsample empfanden vor allem die Wissenschaftler*innen* die Teamstruktur als stark von außen bestimmt bzw. durch die Aufgabenstruktur vorgegeben.

Zusammenfassend lässt sich also bei den Wissenschaftler*innen* ein sehr stark ausgeprägtes Teamverständnis im Sinne positiver Koordination ausmachen. Auch das gemeinsame Entwickeln von Strategien und Visionen im Sinne der strategischen Koordination spielt eine zentrale Rolle. Vor dem Hintergrund der unterschiedlichen Definitionen dessen, was die Teammitglieder selbst unter Teamarbeit verstehen, ist es spannend, in einem weiteren Schritt zu untersuchen, was diese Personen dann, von ihren Teamdefinitionen ausgehend, unter Team*erfolg* verstehen.

Bei der Analyse der Definitionen von Teamerfolg durch die Teammitglieder kann zunächst zwischen der Bedeutung der internen und der externen Wahrnehmung unterschieden werden. Zur internen Wahrnehmung zählen das gute Arbeitsklima und die kollektive Zufriedenheit. Zur externen Wahrnehmung zählt, wie das Team von außen wahrgenommen wird. Also der gute Ruf des Teams, die Bekanntheit der Personen oder die Zufriedenheit des Instituts mit dem Team. Des Weiteren kann zwischen Output- und Inputfaktoren unterschieden werden. Zu Outputfaktoren zählen wir die Nennungen, die auf das Ergebnis der Teamarbeit abheben, also Erfolge wie hohe Publikationszahlen, Auszeichnungen für „gute Forschung" oder auch das Entstehen eines Mehrwerts durch die Arbeit im Team. Zu den Inputfaktoren zählen wir diejenigen, die zur Erbringung der Teamarbeit nötig sind, also erfolgreiche Projektdurchführung oder auch die gegenseitige Solidarität. Im Folgenden untersuchen wir, welche Rolle Input- und Outputfaktoren in den Definitionen der Wissenschaftlerinnen von Teamerfolg spielen. Anders formuliert: Legen Wissenschaftlerinnen den Schwerpunkt auf ein gutes Miteinander im Team und ein gelungenes Projektmanagement, oder hegen sie auch den Wunsch, gemeinsame Ergebnisse einzufahren?

In den Interviews haben die Wissenschaftlerinnen und Wissenschaftler auf die Frage, was für sie Teamerfolg sei, am häufigsten gutes Arbeitsklima, ein gutes Miteinander, Spaß bei der Arbeit und gegenseitiges Vertrauen genannt. Genauso wichtig waren Publikationen und in der Wissenschaftsgemeinschaft wahrgenommen zu werden. Gemeinsames Publizieren wurde dabei sogar häufiger von Wissenschaftler*innen* als von Wissenschaftlern genannt. Ein Team mit mehreren Wissenschaftler*innen* berichtete sogar, dass jede Publikation im Team mit Kuchen honoriert werde.

„Wir haben einen Tisch – Jeder, der ein Paper publiziert, legt das rauf, und wenn der Tisch voll ist, dann gibt es einen Kuchen, dann backt irgendjemand einen Kuchen. Das sind quasi Publikationen, die aus unserem Team hervorgegangen sind, und die muss man nicht selbst geschrieben haben, aber jemand aus dem Team. Einfach diese Zwischenbelohnung" (P6.3).

Mehrfach wurden auch das Erreichen von Zielen und der Abschluss eines Projektes genannt. Wissenschaftlerinnen wie Wissenschaftlern ist es somit wichtig, sich mit den Zielen identifizieren zu können, sie wollen aber auch die Möglichkeit haben, ihre individuellen Ziele erreichen zu können. Betrachten wir nun, inwiefern diese Definition von erfolgreichen Teams, die von den interviewten Personen vorgenommen wurden, sich in der alltäglichen Interaktion im Team wiederfindet.

3.2   Welche Unterstützung bringt das Team?

Ein wesentliches Element von Teamprozessen ist, wie wir gezeigt haben, die Interaktion, d.h. die wechselseitige Einflussnahme und Abhängigkeit. Diese zeigt sich in unseren Forschungsteams vor allem in Sinne einer gemeinsamen Arbeitsteilung. Es gilt hier, eine gemeinsame Arbeitsplanung vorzunehmen, gemeinsam zu publizieren und Aufgaben im Team abzustimmen. Auch der gegenseitige Austausch ist ein wichtiger Interaktionsprozess im Team. Die Wissenschaftlerinnen und Wissenschaftler geben einander Feedback, kommentieren Artikel, geben sich gegenseitig Rat oder helfen einander bei Forschungsproblemen.

„Well, I would say that in general people are very enthusiastic about each other's ideas and want to help the others. So like for instance, when I was stuck with the programming, I could go to other people [...], and I would always be helped" (P12.4).

Die Analyse der quantifizierten Daten zeigte zunächst, dass bei den Forschungsteams in unserem Sample eine gute Unterstützung auf allen drei Ebenen (Unterstützung durch das Institut, Unterstützung durch das Team, Unterstützung durch die Leitung) bestand. Im Folgenden wollen wir diesen Befund anhand der qualitativen Untersuchung näher betrachten.

Die Analyse der Interaktionsprozesse zeigt, dass das Team nicht nur bei der täglichen Erledigung der Aufgaben unterstützt, sondern auch zur eigenen Work-Life-Balance beiträgt. Vor allem Wissenschaftler*innen* äußerten hier, dass sie sich vom Team eine Entlastung und die Verbesserung der eigenen Work-Life-Balance erhofften (vgl. hierzu auch den Artikel von Graf und Reißner, Vereinbarkeit, in diesem Band). Von den Wissenschaftlern wurde die Entlastung durch das Team ebenfalls genannt, hier wurde aber die Fülle der Arbeitsaufgaben in den Vordergrund gestellt, die Entlastung nötig mache.

> „Dankbarerweise gibt es ja jetzt eine zweite Person, die auch diese spezielleren Anwendungen machen kann. Das ist eine Entlastung. Vor einem guten Jahr war es noch so, dass alle diese Projekte erst mal bei mir gelandet sind. Ich bemühe mich jetzt auch, manche Dinge abzugeben. Mich juckt es zwar in den Fingern, aber wir versuchen schon, das aufzuteilen. Ich versuche auch, mich gar nicht damit zu beschäftigen. Es ist schon eine gute Entlastung, dass wir uns dahin gehend auch erweitert haben" (P13.1).

Gemeinsame Publikationen, Peer-Review durch Kolleginnen und Kollegen, Hilfe bei Forschungsproblemen – Wissenschaftler benennen hier Unterstützungsleistungen durch das Team, die klar mit den Kriterien der wissenschaftlichen Exzellenz verbunden sind.

> „Eventuell ist das auch für mich, diese Rechnung, die wir jetzt machen, wo ich auch gerne meine Karriere mit aufbauen will, die wären nicht möglich, wenn nur ich oder nur [X] das machen, sondern wir brauchen unsere Teammitglieder. Und das kommt in ihre Doktorarbeit, was ihre Leistungen sind" (P5.2).

Zusammenfassend sehen Wissenschaftlerinnen in der Interaktion im Team weniger eine Unterstützung im Sinne des Innovationsprozesses, des gemeinsamen Publizierens, des Wissensaustausches, sondern eher eine Unterstützung im Sinne der Entlastung. Die eigene Karriere muss dagegen alleine vorangebracht werden:

> „Das ist in der Wissenschaft eine schwierige Balance, es muss ja auch jeder für sich allein leuchten und einzigartig sein und seine besondere Expertise auch sichtbar machen, um sich weiterentwickeln zu können, und Leute, die nur darauf achten, können aber nicht wirklich in so einem Team arbeiten, weil die anderen dann sagen, dafür, dass du leuchtest, mache ich das nicht" (P6.1).

Dieses Zitat zeigt exemplarisch für die oben genannten quantifizierten Ergebnisse, dass Wissenschaftler*innen* ihre Position im Team stark als Entscheidung zwischen der Aufopferung für das Team und der Aufopferung des Teams für die eigene Karriere sehen. Synergien aus der Teamarbeit betreffen den Produktions*prozess*, nicht aber die Produktion selbst. Dieser Befund weicht von der Definition von Teamerfolg, in der Wissenschaftler*innen* dezidiert auch das gemeinsame Publizieren und die Bedeutung von Wissensaustausch hervorheben, ab. In der Tendenz scheint es also, dass Wissenschaftler*innen* auf der Handlungsebene eine andere Strategie fahren als ihre Definitionen von Teamarbeit erwarten ließen.

Die Unterstützung der Teammitglieder durch das Team, aber auch durch ihre Vorgesetzten, gestaltet sich sehr unterschiedlich. Zur Analyse dieses Punktes haben wir 173 Textstellen ausgewertet. In den ausgewerteten Textstellen finden sich sowohl Nennungen von sehr guter, kontinuierlicher Unterstützung wie auch Schilderungen von Barrieren, die Betreuerinnen und Betreuer oder Vorgesetzte den Teammitgliedern in den Weg legten. Von Wissenschaftler*innen* wurde vor allem die Rolle der Eigeninitiative thematisiert. Es sei wichtig, die Beratungs- und Unterstützungsleistungen selbst einzufordern und sich selbst Mentoring zu suchen. Von Wissenschaftlern wurde dieser Punkt kaum genannt.

Auffällig ist, dass der Aspekt der Unterstützung beim Publizieren von Männern wie Frauen nur wenig genannt wurde. Obwohl Publikationen sich als wichtiges Outputkriterium herausgestellt hatten, scheint die Erbringung dieses Kriteriums durch Vorgesetzte sowie Betreuerinnen und Betreuer nur wenig unterstützt zu werden, etwa durch kontinuierliches Feedback, Anleitung zum wissenschaftlichen Schreiben oder eine klare Publikationsplanung.

Auch die Nennung mangelnder Unterstützung wurde häufig mit der fehlenden Unterstützung beim Publizieren oder bei der eigenen Promotion verbunden. Hier wurde thematisiert, dass das Arbeitspensum zu hoch sei und aus der Arbeit zu wenig Mehrwert für die eigene Arbeit / die eigenen Ziele entstehe. Artikel würden nicht konkret geplant, sondern seien eher Zufall. Feedback erführen die Teammitglieder oft nur, wenn es um Arbeitspakete für Vorgesetzte oder für das Teamziel gehe, nicht aber für die eigene Promotion, ein eigenes Publikationsprojekt.

Teammitglieder, die die Unterstützung als mangelhaft bezeichneten, vermissten konkrete Unterstützungsleistungen. Ein Teammitglied (P22.6) berichtete, es habe sich die Anschluss-Stelle für die Fertigstellung der Promotionsarbeit nach der Rückkehr aus der Schwangerschaft selbst in Form eines Stipendiums besorgen müssen, während die Befragte von anderen Doktorandinnen wisse, bei denen sich die Betreuerinnen und Betreuer eingesetzt hatten. Ein Mitglied eines weiteren Teams (P4.2) berichtete, dass der Betreuer das Empfehlungsschreiben für einen Gastaufenthalt an einer ausländischen Forschungseinrichtung nicht ausstellen wollte, da er das Teammitglied an der eigenen Forschungseinrichtung halten wollte. Die Unterstützung scheint oft unkonkret zu bleiben. Befragt nach ihren Zukunftsplänen berichteten die interviewten Personen, dass zwar Gespräche mit Teamleitungen und mit den betreuenden Personen geführt würden, aber keine konkreten Maßnahmen, etwa das Vorstellen bei wichtigen Personen auf Konferenzen, erfolgten.

Dass die Unterstützung unkonkret bleibt und über bloße Versprechungen oft nicht hinausgeht, hängt teilweise auch damit zusammen, dass Fördermaßnahmen der Institute nicht allen Vorgesetzten sowie Betreuerinnen und Betreuern bekannt sind oder nur unzureichend an die Befragten weitergegeben werden.

Um näher zu untersuchen, welche Rolle das Team für die eigene Karriere spielt, haben wir den Code *Karriereplanung* ausgewertet. Die Auswertung des Codes zeigt geschlechterübergreifend eine auffällig geringe Bedeutung, die dem Team in Bezug auf die eigene Karriere eingeräumt wird. 317 Textstellen, in denen sich die 156 Wissenschaftlerinnen und Wissenschaftler zu ihrer Karriereplanung äußerten, wurden, getrennt nach Geschlecht, ausgewertet. Davon nannte nur eine Interviewte das eigene Team als Motivationsfaktor für den Verbleib in der Wissenschaft. Eine weitere Person bezog sich auf die Rolle von Peers, also Kolleginnen und Kollegen, die ähnlich weit in der Karriereleiter sind:

> *„ Yes. Of course, everyone knows I would like to make my habilitation, sometimes I ask, for example, other group leaders that already have habilitations how it works, which documents do you need, and they are always very supportive"* (P3.1).

Die Interviews zeigen, dass Karriereplanung und gelungene Work-Life-Balance stark vom Arbeitsumfeld abhängen. Dem Team als Arbeitsumgebung wird hierbei jedoch durch die Befragten keine maßgebliche Rolle zugeschrieben. Vielmehr kommt es nur als Struktur zum Tragen, in der das Erreichen eigener Karriereziele kaum möglich ist. Wenn das Arbeitsumfeld beschrieben wurde, dann oft am Beispiel negativer Rollenvorbilder, etwa Vorgesetzter mit mangelnder Work-Life-Balance oder fehlender Führungskompetenz.

> *„ Was ich nicht möchte, ist, dass mein Privatleben komplett draufgeht. Ich sehe das oft bei den Professoren, dass viel auf der Strecke bleibt. Das heißt Kinder und Familie, und ich weiß nicht, es ist ein ziemlich hoher Preis, den man da zahlt, und da bin ich mir nicht so sicher, ob ich diesen Weg gehen würde. Also von vornherein, und ob ich sozusagen alles dafür aufgebe und nichts anderes nehme, nur um dieses eine Ziel zu erreichen und es dann wahrscheinlich doch nicht zu erreichen, weil die Stellen ja auch begrenzt sind. Es ist so, dass ich gerne diese Arbeit mache, aber ich weiß nicht, ob ich das um jeden Preis tun würde"* (P24.4).

Auch Konflikte zwischen Vorgesetzten und eigenen Karrierezielen wurden genannt, etwa wenn die Teamleitung auf dem Rücken des Teams Karriere mache und nur Forschungsergebnisse einfordere aber wenig Betreuungsleistung erbringe, oder wenn die Promotionsbetreuerin oder der Promotionsbetreuer im direkten Feld der Zöglinge publizierten, ohne diesen Publikationsmöglichkeiten zu eröffnen.

Auch auf der Handlungsebene konnten wir ein weites Feld von Interaktionen, also von wechselseitiger Einflussnahme und Abhängigkeit im Team, nachzeichnen. Aber können wir auch hier noch von *positiver Koordination* oder gar *strategischer Koordination* sprechen? Insbesondere Wissenschaftler*innen* scheinen aus der Organisationsstruktur des Forschungsteams keine Synergien für die eigene Karriereentwicklung schöpfen zu können. Die Erwartungen, die auf der definitorischen Ebene durch die Wissenschaftler*innen* formuliert wurden, finden sich auf der Handlungsebene nicht wieder. Hier zeichnet sich vielmehr ein Konflikt zwischen Interessen des Individuums und Teaminteressen ab, den wir im Folgenden näher betrachten wollen.

3.3 Das Spannungsverhältnis zwischen individuellem Erfolg und Teamerfolg

Auf der einen Seite sehen wir, dass die Arbeit im Team im Wissenschaftsbetrieb immer wichtiger wird. Auf der anderen Seite konnten wir aber bereits in unserer ersten Studie zu den Anforderungen in der außerhochschulischen Forschung auf Basis von Expertinnen- und Experteninterviews zeigen, dass das Karrieresystem nach wie vor auf Einzelkarrieren basiert (Graf und Schmid 2011). Die oben genannten Beispiele und Erläuterungen unserer Forschungsergebnisse deuten bereits ein deutliches Spannungsverhältnis zwischen dem eigenen Vorankommen und den Anforderungen der Teamarbeit an. Dieses Spannungsverhältnis soll im Folgenden näher beleuchtet werden.

Für die Interviews wurde hierfür in Anlehnung an Kauffeld (2001) und das Teamklimainventar (TKI) (Brodbeck und Maier 2001) ein Fragenkomplex entwickelt, in dem Themen zur Gewichtung von eigener Arbeit, eigener Qualifikation und Teamzielen angesprochen werden. Auch wurde das Teamklima in Bezug auf die eigene Karriereentwicklung diskutiert. Um zu analysieren, ob sich dieses Spannungsverhältnis für alle Teammitglieder gleich gestaltet, oder ob abhängig vom Geschlecht unterschiedliche Handlungsstrategien gewählt werden, um mit der Situation umzugehen, wurden die codierten Interviews zunächst übergreifend kommentiert und dann nach dem Geschlecht der Befragten gefiltert.

Bei der übergreifenden Analyse zeigt sich, dass in den wenigsten Teams die Arbeit als Synergie zwischen Eigeninteresse und Teamzielen empfunden wird. Vielmehr wurde der Anspruch, perfekte Teamarbeit und eine gelungene individuelle Karriere vereinen zu können, als *„unrealistisch"* (P2.6) bezeichnet. Als Hauptkonfliktpunkt wurde hier die Promotion genannt, die bei der Teamarbeit oft auf der Strecke bleibe:

*„Frau [X] fand das ganz toll, dass wir da irgendwie schon jetzt mit der Drittmittel-
akquise begonnen haben, und dadurch, dass unsere Abteilung da auch nicht ganz so
stark aufgestellt ist wie andere Abteilungen, ist es für uns junge Wissenschaftler
noch einmal wichtig, dass wir da auch aktiver werden, was aber oftmals dann wirklich zulasten der Dissertation geht. Ich habe das jetzt bei dem anderen Projekt gemerkt. Das waren offiziell nur [8] Stunden. Das war aber einfach nicht zu schaffen"*
(P21.3).

In Bezug auf das Teamklima variiert der Grad an Konkurrenz. Im Leitfaden hatten wir diese direkt mit den Fragen „Spüren Sie in Ihrem Team – offen oder ver-
deckt – Konkurrenz? Versucht sich jemand im Team auf Kosten anderer in den
Vordergrund zu drängen?" abgefragt. Zur Analyse der Konkurrenz im Team
werteten wir 134 Textstellen aus. In den Teams wird immer wieder von Konkurrenz berichtet. Sowohl Wissenschaftler*innen* als auch Wissenschaftler thematisierten Konkurrenz im Team. Es wurden verschiedene Gründe für die Konkurrenz genannt. Vor allem Wissenschaftler*innen* scheinen dabei über die Gründe
von Konkurrenz differenziert zu reflektieren, Wissenschaftler nannten dagegen
in den Interviews hauptsächlich die *begrenzte Zahl von Stellen*. In der Themati-
sierung der Stellensituation fanden wir keine Schilderung, in der ein konstruktiver Umgang mit der Konkurrenzsituation berichtet wurde. Wiederum waren es
vor allem Wissenschaftler*innen*, die diese Situationen schilderten. Zwar wurden
in einigen Teams Gegenstrategien zum Konkurrenzdruck entwickelt, diese ziel-
ten aber nicht auf die direkte Wettbewerbssituation ab, sondern eher auf die Stärkung der Teamkohäsion. Mehrfach wurde das Problem der *Nähe der Forschungsthemen* benannt, die zu Konkurrenz führe. Auch die enge Zusammenarbeit und die Vergleichbarkeit der Arbeit schürten den Konkurrenzdruck. *Knappe
Ressourcen* spielten kaum eine Rolle in Bezug auf Konkurrenz. Vielmehr fanden
wir gut ausgestattete Forschungsteams, die sich nicht um Geräte/Ressourcen
kümmern müssen. Eine interviewte Person (P5.2) lieferte jedoch eine Begrün-
dung, die die Konkurrenz im Team verdeutlicht. Für die wissenschaftliche Arbeit
müsse man einen hohen Einsatz an eigenem Humankapital leisten:

*„[...] wie Sie ja vielleicht gesehen haben, ist die Forschung, die wir hier machen,
schon relativ hart, und es braucht einen großen Teil der Freizeit. Da muss man mit
einer gewissen Passion rangehen, das ist ein ganz natürlicher Filter. Das ist nichts,
was Sie so im Büroalltag ein bisschen nebenbei erledigen. Die Erkenntnisse liegen
eben auch nicht auf der Straße, weil das würden ja dann viele schon aufgeschrieben
haben"* (P5.1).

Die Ergebnisse sollten deshalb auch vor allem der eigenen Person zukommen.
Die qualitative Analyse der Interviews steht hier im Kontrast zu den quantifizier-

ten Daten aus dem Interviewmaterial. Hier hatte sich über das Gesamtsample der 25 Teams hinweg ergeben, dass in allen Teams ein gutes Klima zur Meinungs- und Ideenäußerung herrsche. In keinem Team ließ sich aus den quantifizierten Daten auf Angst vor Äußerung ungewöhnlicher oder abweichender Meinungen und Ideen schließen. Der Kontrast zwischen qualitativer Tiefenanalyse und quantitativer Auswertung zeigt, dass Konflikte in den Teams oft unbewusst und unter der Oberfläche schwelen und erst im Laufe der Interviewsituation offenbar werden.

Wissenschaftler*innen* wie Wissenschaftler schilderten, dass sich Konkurrenz auch aus der Internationalität der Teams ergebe. Hier finden sich in den Beschreibungen Stereotypisierungen in Bezug auf die Herkunft der Teammitglieder. So findet sich mehrfach die Meinung, dass es von der Kultur/Nationalität der Teammitglieder abhänge, ob Informationen geteilt würden. In mehreren Fällen wurden „den Chinesen" im Team, in einem Fall auch „den Japanern" eine geringe Bereitschaft, Informationen zu teilen, zugeschrieben. Gleichzeitig wurde die „Konkurrenz aus China" als sehr gut eingeschätzt.

Wissenschaftlerinnen wie Wissenschaftler nannten Institutsleitungen oder Teamleitungen als wichtige Einflussfaktoren in Bezug auf die Konkurrenz. In ihren Schilderungen kommt diesen Gatekeepern eine wichtige Katalysatorfunktion im Wettbewerb um Stellen und Mittel zu. Ein Teammitglied berichtete, dass das Interesse des Chefs für die unterschiedlichen Projekte unterschiedlich stark sei. Daraus ergebe sich Konkurrenz um seine Aufmerksamkeit. Auch die Figur einer Institutsleitung, die Konkurrenz ins Institut bringt, indem sie ein „Ausleseklima" fördere, findet sich in mehreren Teams. Die Abteilungsleitungen/Arbeitsgruppenleitungen oder Teamleitungen nehmen hier eine zwiespältige Funktion ein, denn sie sind dem Druck von oben ausgesetzt und entscheiden, wie sie mit diesem umgehen. Mehrere Teammitglieder eines Teams berichteten über ihre Abteilungsleitung, dass sie diese als ambivalent empfänden. Zum einen komme sie ihrer Aufgabe als Korrektiv nach, sie wird als wissenschaftlich sehr gut beschrieben und könne deshalb die Rolle der wissenschaftlichen Leitung sehr gut erfüllen. Auch versuche sie, die verschiedenen Teammitglieder entlang ihrer Stärken zu fördern. Auf der anderen Seite gebe sie aber den Druck von oben direkt weiter:

> *„Auf jeden Fall, aber das ist auch eine Politik. Ich glaube man kann da wirklich eine Kette sehen zwischen [Dachgesellschaft], insbesondere aber auch der [Institutsleitung], die zum Beispiel im Vergleich mit dem vorherigen Institutsleiter, was ich so höre, einen völlig anderen Stil fährt und ein viel stärkeres Wettbewerbsklima*

einbringt. Also wirklich ein Ausleseklima, das muss man wirklich so sagen. Und Frau [X] versucht eine sehr integrative Politik zu machen, aber sie überzeugt da nicht wirklich drin. Wenn es dann hart auf hart kommt und sie den Druck von oben bekommt, gibt sie den plötzlich ganz massiv weiter, aber fast aus so einer Hilflosigkeit. Das ist natürlich keine souveräne Teamleitung. Oder keine souveräne Abteilungsleitung" (P21.4).

Konkurrenzdruck im Team wird auch durch externe Gatekeeper geschürt. So berichtete ein Teammitglied (P6.4), der Vorsitzende einer Berufungskommission habe mehrere Mitglieder eines Teams aufgefordert, sich auch zu bewerben. Somit sei Konkurrenz zwischen den Teammitgliedern entstanden.

Konkurrenz prägt auch das direkte Verhältnis zwischen Vorgesetzten und Teammitgliedern. So berichtete ein Teammitglied (P9.3), die Vorgesetzten legten Wert darauf, nicht von den Mitarbeiterinnen und Mitarbeitern überflügelt zu werden, achteten darauf, alles unter Kontrolle zu haben. Eine weitere Wissenschaftlerin berichtete von ihrem Doktorvater, der zu einem Thema etwas veröffentlichen wolle, was ihrem eigenen Dissertationsthema ziemlich ähnlich sei.

„Es ist ganz schwierig. Er hat mir eine E-Mail geschrieben und das als Problem angesprochen, dass er gerade dazu etwas schreibt, und er hat geschrieben, ob ich das als Problem sehe. Das fand ich ein bisschen schwierig. Natürlich fand ich das als Problem, aber ich stehe da in einem extremen Abhängigkeitsverhältnis" (P22.6).

Insgesamt wird die Rolle der Gatekeeper im Konkurrenzspiel von Wissenschaftlern wie Wissenschaftler*innen* sehr deutlich wahrgenommen und mit teilweise großer Emotionalität berichtet. Die Tatsache, von solchen Gatekeepern abhängig zu sein, birgt geschlechterunabhängig großes Frustrationspotential. Direkte Abhängigkeitsbeziehungen wie im obigen Beispiel wurden dabei ausschließlich von Wissenschaftler*innen* berichtet.

Zusammenfassend wird die Konkurrenz im Team vor allem mit den Arbeitsstrukturen begründet, wobei Gatekeeper als Katalysatoren betrachtet werden. Dabei fällt die Selbstverständlichkeit auf, die Wissenschaftlerinnen wie Wissenschaftler der Konkurrenz beimessen:

„Ja natürlich, das ist in jedem Team so. Schon ein bisschen, aber es hält sich sehr im Rahmen, und ich habe auch das Gefühl, dass wir da bisher gut ausgekommen sind" (P23.1).

Konkurrenz rührt in den meisten Beschreibungen von der Natur der Sache, den Eigenschaften wissenschaftlichen Arbeitens her: Die Forschungsarbeit, die geleistet werde, sei einzigartig und ebenso die Technologien, die verwendet würden, es handle sich bei den Forschungsergebnissen um „heiße" Sachen, die noch nicht fertig seien, Wissenschaft sei dadurch geprägt, dass man andere von seinen Ergebnissen überzeugen müsse, etc. Diese Naturalisierung trifft auch die Wissenschaftlerinnen und Wissenschaftler selbst. Mehrfach findet sich die Beschreibung, Wissenschaftler und Wissenschaftlerinnen hätten ein naturgegebenes Sendungsbewusstsein und wollten sich gern profilieren.

> *„Ja, es gibt natürlich Leute, die ein ausgeprägtes Sendungsbewusstsein haben, aber das ist ja unter Wissenschaftlern auch nicht so selten, und ich glaube nicht auf Kosten [anderer], das würde ich nicht sagen, aber ich denke, unbeabsichtigt schon"* (P2.4).

Die Beschreibung von Konkurrenz als etwas Natürlichem, Selbstverständlichem, Unausweichlichem sowie der Wissenschaft Inhärentem wird dabei hierarchieübergreifend vorgenommen. Beinahe im gleichen Wortlaut griffen einander fremde Personen dabei auf das Bild des Leistungssports zurück. So formulierte eine Institutsleitung:

> *„Da kann ich sie gerne formal auf 30 Stunden setzen und ihnen weniger Gehalt geben, sie würden trotzdem 50 bis 60 Stunden hier sein. Nein, das ist eine absolute Illusion. Wir sind in einem Wettrennen. Wir haben das ja gerade festgestellt. Sie sind in einem Wettbewerb mit allen anderen Universitäten, Ländern, eben international. Wir müssen sogar mit Ländern wie China leben, wo die Leute sieben Tage in der Woche arbeiten. Also all unser sozialer Wohlstand und die geregelte Arbeitszeit, die Ferientage müssen wir durch verbesserte Betriebsorganisation wettmachen, sonst gehen wir unter. Also Sie arbeiten an irgendetwas, das ist das tollste Paper aller Zeiten, das macht Sie unsterblich. Sie sind im 30-Stunden-Job, und dann kommt dieses tolle Paper 14 Tage vorher aus China. Das meine ich mit Wettbewerb. Das kommt überhaupt nicht von innen, das kommt von außen. Sie haben eine tolle Idee, Sie müssen diese Idee zu Markte tragen. Sie müssen ein Paper schreiben, Sie müssen es akzeptiert kriegen, und Sie müssen schneller sein, als Ihre Konkurrenz. Jetzt vereinbaren Sie das bitte mit einer halben Stelle. Das ist genau das Problem. Das klappt nicht, das wird nichts. Das kann man versuchen, und die betreffende Person wird immer Zweiter sein. Das wird Sie frustrieren und im Endeffekt demotivieren"* (P26).

Des gleichen Bildes bediente sich eine Teamleitung:

> *„Sie müssen in erster Linie Disziplin, Fleiß und Willen haben, einen starken Willen, das durchzusetzen. Konkrete Dinge kann man natürlich auch immer lernen, aber das ist wie im Sport. Sie müssen leistungsfähig sein, um Leistungen zu bringen oder die Leistungsfähigkeit entwickeln, und wenn Sie das nicht wollen, dann wird das nichts. [...] Man kommt gar nicht weit. Es ist insgesamt eine traurige Sache. Es ist wie beim Leistungssport, wenn Sie da sehr weit hinterherlaufen, dann muss man eben etwas anderes machen"* (P5.1).

Beim näheren Betrachten wird jedoch deutlich, dass damit nicht der Teamsport, sondern die Karriere als Einzel- und vor allem Ausnahmesportler gemeint ist.

Es gibt verschiedene Strategien, mit der Konkurrenz umzugehen. Im Mittelpunkt stehen dabei Publikationen. Wissenschaftlerinnen wie Wissenschaftler versuchen im Wissenschaftswettbewerb mitzuspielen, indem sie möglichst viele Publikationen in möglichst kurzer Zeit veröffentlichen. Die selbst erhobenen Daten werden dabei erst mit anderen geteilt, nachdem sie selbst publiziert wurden. Hier ist der Punkt der partizipativen Sicherheit (Brodbeck 2007) angesprochen. Das bedeutet, dass viele Wissenschaftlerinnen und Wissenschaftler aus der Konkurrenzsituation heraus die Strategie entwickelt haben, nur noch auf einem minimalen Niveau Informationen zu teilen. Folgende Strategien konnten zu diesem Themenkomplex identifiziert werden:

- Daten werden erst auf Tagungen präsentiert, nachdem sie publiziert wurden.
- Als Gegenstrategie dazu: Daten werden sofort online publiziert oder auf Tagungen vorgestellt, um die Rechte zu sichern.
- Genaues Abwägen, ob ein eigener Beitrag an Arbeitszeit, etwa in Form einer Auswertung für Kolleginnen und Kollegen, Vorteile für die eigene Karriere eröffnet.
- Sofern man einen Konkurrenten erkennt, hält man Detailinformationen zurück, um sich nicht zu schaden.
- Kommunikation einschränken, um Wissen vor Wettbewerbern schützen.
- Man hält sich in Bezug darauf, woran man konkret arbeitet, eher bedeckt.

Allein die Beschränkung der eigenen Kommunikation ist aber nicht ausreichend, es muss auch am Faktor Zeit gearbeitet werden. Arbeit an Feiertagen oder der Verzicht auf das gemeinsame Mittagessen sind Strategien, um Wettbewerbern zuvorzukommen.

Das eigene Verhalten gegenüber Vorgesetzten wird ebenfalls strategisch geplant:

- Man hält gezielt Informationen gegenüber dem Chef zurück, um die eigene Chance, etwa auf eine Publikation, zu wahren.
- Manche versuchen sich vor der Leitung in einem bestmöglichen Licht zu präsentieren.
- Bei Instituts-/Abteilungssitzungen wird aus Angst vor Spionage Wissen bewusst zurückgehalten.

Im Interviewmaterial zeigte sich, dass die *negative Koordination*, der Mangel an Kooperation aufgrund von Konkurrenz im Team, von den Mitgliedern bewusst erlebt wird und bei einigen Wissenschaftlerinnen und Wissenschaftlern auch dazu führt, einen Ausstieg aus der Wissenschaft zu erwägen.

Es gibt aber auch Gegenstrategien im Umgang mit der Konkurrenz. Wir haben in mehreren Teams das bewusste Bemühen gefunden, innerhalb des Teams aufeinander Rücksicht zu nehmen und sich trotz einer Konkurrenzsituation Hilfestellung zu leisten. Immer wieder berichteten Teammitglieder von Solidarität und Hilfe von Kollegen und Kolleginnen, wenn Fehler gemacht wurden, und von Informationsaustausch. Auch hier lassen sich Strategien identifizieren, die wir im Folgenden als Gegenstrategien bezeichnen, da sie konträr zur strukturellen Konkurrenz in der Wissenschaft stehen.

- Jeder im Team muss zu seinem Recht kommen: Darunter wird die bewusste Auseinandersetzung mit den Vorteilen verstanden, die jedes Teammitglied aus der Teamarbeit ziehen kann.
- Gemeinsames Publizieren: Es wird gemeinschaftlich in einer hochangesehenen Fachzeitschrift publiziert. Dabei wird darauf geachtet, dass jedes Teammitglied gebührend berücksichtigt wird.
- Perspektive der Ergänzung: Es herrscht keine Konkurrenz im Team, vielmehr ergänzt man sich aufgrund der unterschiedlichen Stärken und Qualifikation gut.
- Arbeitsgruppe als Ort der Sicherheit: Innerhalb der Arbeitsgruppe wird das Wissen geteilt.

Wie bereits dargestellt wurde, zeigt sich unabhängig vom Geschlecht, dass Teams keineswegs per se einen geschützten Raum im kompetitiven Arbeitsfeld Wissenschaft darstellen, sondern vielmehr der Austragungsort von Konkurrenz sind. Die Angst um den eigenen Publikationsbeitrag sowie vor dem Abfluss von Ideen und Informationen kookkurriert dabei stark mit dem Code *Konkurrenz*. Auch die Selbstverständlichkeit bzw. die Naturalisierung der Konkurrenz ist auffällig. Diese Naturalisierung spricht für einen starken Top-down-Steuerungseffekt vom Wissenschaftssystem über die Dachgesellschaften und Institute bis hin zu den Teams. Es gibt verschiedene Strategien, mit Konkurrenz umzugehen, die zum einen auf ein extrem restriktives Umgehen mit Informationen und Ideen abzielen und zum anderen auf eine erhöhte Leistungserbringung des Hauptkriteriums wissenschaftlicher Exzellenz – Publikationen. In Bezug auf die Kategorie Geschlecht ist zunächst auffällig, dass vor allem Wissenschaftler*innen* Konkurrenz thematisieren und in ihrer Vielfältigkeit dokumentieren und auch die meisten Nennungen im Code *Konkurrenz* von *ihnen* stammen. Wissenschaftler thematisierten dagegen vor allem die Knappheit an Arbeitsstellen als Grund für Konkurrenz sowie ihre Gegenstrategien. Sie sind es auch, die vor allem die Folgen der Konkurrenz nannten: den rüden Umgangston im Miteinander sowie das Stocken der Entwicklung bestimmter Forschungsansätze, da Wissenschaftlerinnen und Wissenschaftler sich in sich zurückgezogen haben und ihre Ideen nicht mehr teilen. Zusammenfassend zeigt die Analyse des Codes *Konkurrenz*, dass der Wettbewerb in vielen Teams von Teamleitungen oder von der Institutsleitung so sehr geschürt wird, dass Synergien gar nicht möglich sind.

In den Interviews wurde auch die Abhängigkeit des Individuums vom Team angesprochen. So stellte eine Gruppenleiterin ihr Team als wichtige Determinante für ihre eigene Karriere dar. Wenn die Teammitglieder soweit seien, bestimmte Aufgaben zu übernehmen, gehe es auch mit der eigenen Karriere voran:

> *„Das wäre mit für meine Karriere wichtig. Da muss strukturell auch ein bisschen was im Team geschehen, dass man Leistungsträger im Team hat, die auch Projekte akquirieren und dann selbst leiten. Das ist ein Prozess, da arbeite ich im Team drauf hin, dass das dann geschehen kann. Wenn das geschafft ist, geht es mir auch besser"* (P21.1).

Auch der Widerspruch zwischen der Funktion der Teamleitung, die sowohl exzellent forschen als auch exzellent führen soll, wurde angesprochen. Die Leitungen würden für diese Aufgaben nicht ausgebildet und seien oft auch nicht dafür qualifiziert. Wie die quantifizierten Daten zeigen, wird diese mangelnde Betreuungskompetenz vor allem weiblichen Leitungspersonen durch männliche Wissenschaftler zugeschrieben, Frauen fühlen sich hier von weiblichen Teamleitungen signifikant besser unterstützt als ihre Kollegen.

Unabhängig vom Geschlecht scheint auf den ersten Blick der Zeitkonflikt zwischen eigenen Themen und Teamthemen / eigener Arbeit und Teamarbeit ein wichtiges Thema zu sein. Auf den zweiten Blick fällt jedoch auf, dass die Bilanz, die Teamarbeit stehe im Vordergrund und gehe auf Kosten der eigenen Karriere voran, vor allem von Wissenschaftler*innen* gezogen wurde, während Wissenschaftler eher berichteten, in einem (ungelösten) Konflikt zu stehen. Von einem Wissenschaftler wurden hier auch klare Gründe genannt. Er sah in den Regelbeurteilungen einen Konflikt zwischen individuellem Vorankommen und Teampflichten:

„Damit kommen wir aber in Interessenkollision zu den anderen Aufgaben, die wir haben, weil wir unterliegen natürlich auch, also ich persönlich nicht mehr, aber die meisten Mitarbeiter, einer Beurteilung. Diese Beurteilung berücksichtigt natürlich auch beispielsweise die Publikationsaktivitäten, Drittmittelprojekte und, und, und, und das beißt sich. Da gibt es eine Kollision" (P2.4).

Wenn aber konkrete Karrieren angesprochen werden, teilen sich sowohl die Wissenschaftler*innen* als auch die Wissenschaftler in die Karrieretypen, die die eigene Karriere als abhängig vom Team betrachten, und diejenigen, die die eigene Karriere eher als unabhängig vom Team betrachten, wobei auch hier das Spannungsverhältnis reflektiert wird:

„Wobei, jetzt glaube ich schon, dass das Team in meiner Karrierephase wichtig ist. Es ist wichtig, dass man ein Team hat, um eine breite Basis zu haben. Um in verschiedenen Fachgebieten drin zu sein, überall ein bisschen etwas mitzubekommen, ohne sich jeweils selbst tief hineinarbeiten zu müssen, um sich dann auch wieder gut vernetzen zu können. Aber das, was einen in der Karriere wirklich weiterbringt, das sind die eigenen Artikel, die man veröffentlicht" (P24.2).

Auch an diesem Zitat zeigt sich, wie stark gerade Wissenschaftler*innen* die Notwendigkeit der „Einzelkarriere" an bestimmten Schritten festmachen: die eigene Promotion, die Publikationen, die eigene Sichtbarkeit auf Tagungen.

„Häufig hat man da 30 Stunden in der Woche gearbeitet. Wenn dann nur noch zehn Stunden für die Dissertation übrig bleiben, muss man sich schon stark disziplinieren, wenn man das überhaupt noch so auf diesem 40-Stunden-Rhythmus aufrechterhalten will. Das klappt ja auch nicht immer so, wie man sich das vornimmt, und deshalb ist eigentlich meine oberste Priorität die Dissertation. Das ist mir ganz wichtig, dass es da vorangeht und ich die auch in einer überschaubaren Zeit zu Ende bringen kann" (P21.3).

Die qualitativen Befunde scheinen Kanters These des Tokenismus auf doppelte Weise zu bestätigen: Entweder stellen Wissenschaftler*innen* – deutlicher noch als Wissenschaftler – ihre Fähigkeiten stark in den Dienst des Teams und gehorchen damit der Teamlogik, oder sie halten die Regeln der Karrierewege in der Wissenschaft extrem ein und gehorchen damit der Logik der Wissenschaft als Einzelkampf bzw. Leistungssport. Die Nutzung von Synergien aus dem Team, gerade für die eigene Karriere, findet sich kaum.

4 Fazit

Zusammenfassend kann also festgestellt werden, dass dem Team in Wissenschaft und Forschung zwar eine wichtige Rolle zukommt: Arbeitsprozesse werden in Gruppen und in abgesteckten Arbeitspaketen bewältigt, mit dem Ziel, dadurch einen Mehrwert für das Individuum, die Forschung und letztlich auch die Forschungsinstitute selbst zu erzielen. Gleichzeitig können aber verschiedene Mechanismen sowie ein Steuerungsverlust zwischen den Ebenen festgestellt werden, die der Entfaltung eines Mehrwerts durch das Team entgegenwirken. Auch können wir eine deutliche Kluft zwischen den Definitionen von Teamarbeit durch die Forschenden und deren Handlungsebene ausmachen. Zwar messen Interviewees beider Geschlechter in ihren Definitionen positiver Koordination im Sinne guter Abstimmung, gemeinsamer Verantwortung und geteilter Erfolge eine große Bedeutung bei. Die Handlungsebene ist aber überwiegend von negativer Koordination geprägt. Somit bleiben die Potentiale von Forschungsteams für die individuellen Karrieren weitgehend ungenutzt, vielfach sehen Wissenschaftlerinnen wie Wissenschaftler das Team gar als Barriere für die eigene Karriere.

Fassen wir die vorausgegangene Analyse zusammen, so stehen wir vor einem Rätsel: Die teamförmige Organisation von Forschung ist ein gewichtiges Paradigma, das in der Wissenschaft postuliert, jedoch nach unseren Erkenntnissen kaum umgesetzt wird. Daraus ergibt sich, dass der Alltag der Wissenschaftlerinnen und Wissenschaftler nach wie vor von der Entscheidung – Karriere oder gute Teamarbeit – geprägt ist. Und es sind vor allem Wissenschaftler*innen*, die sich vor diese Entscheidung gestellt sehen. Am Beispiel eines weiteren Paradigmas, der Vereinbarkeit von Beruf und Familie, versuchen wir im folgenden Beitrag zur Mehrebenenorganisation der außerhochschulischen Forschungsgesellschaften, dieses Rätsel zu lösen.

Vereinbarkeit von Beruf und Familie in der außerhochschulischen Forschung – Gender-Excellence oder bloßer Imagefaktor?

Patricia Graf / Judith Reißner

1 Einleitung

Seit den 1970er Jahren können wir ein kontinuierliches Bemühen der Wissenschaftspolitik konstatieren, nicht nur Universitäten, sondern auch die deutsche außerhochschulische Forschung familienfreundlicher zu gestalten. Diese Politik ging mit eigenen Instrumenten der Forschungseinrichtungen zur Sicherung der Gleichstellung der Geschlechter und mit Maßnahmen zur Vereinbarkeit von Beruf und Familie einher (Matthies und Zimmermann 2010).

In unserer Studie zu „Frauen und ihrer Karriereentwicklung in naturwissenschaftlichen Forschungsteams"[1] (Dautzenberg et al. in diesem Band) hat sich jedoch gezeigt, dass die von den Gesellschaften entwickelten Maßnahmen zur Vereinbarkeit bei den einzelnen Wissenschaftlerinnen und Wissenschaftlern in den konkreten Forschungsteams gar nicht oder nur unzureichend ankommen. Den einzelnen Teammitgliedern sind die Rechtsansprüche, Maßnahmen und

---

[1] Die in diesem Artikel dargestellten Ergebnisse basieren auf der qualitativen Auswertung von leitfadengestützten Interviews mit 16 Expertinnen und Experten aus den Geschäftsstellen und 13 Expertinnen und Experten aus Instituten und Abteilungen der deutschen außerhochschulischen Forschung (im Folgenden als P1 bis P40 aufgeführt) sowie auf 156 Interviews mit Mitgliedern aus 25 Forschungsteams dieser Einrichtungen (im Folgenden als P1.1 bis P25.4 aufgeführt). Geschlecht, Funktion und Zugehörigkeit der interviewten Personen wurden im folgenden Bericht anonymisiert, Namen und Bezeichnungen wurden durch Pseudonyme in eckiger Klammer ersetzt. Zum methodischen Vorgehen siehe auch den Beitrag von Graf, Reißner und Schmid in diesem Band.

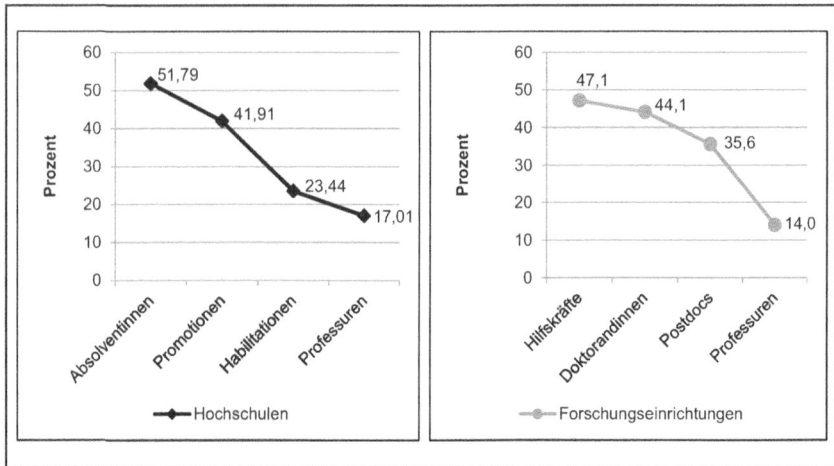

Abbildung 1:   Frauenanteile in Hochschulen und außerhochschulischen Forschungseinrichtungen. Quelle: Graf et al. 2011, S. 23

Fördermöglichkeiten nicht bekannt, bzw. sie können nicht auf diese zurückgreifen. Daraus ergibt sich für uns die Frage, wieso die Instrumente und Bemühun-
gen nach Geschlechtergerechtigkeit und Vereinbarkeit nicht greifen. Unser Fokus liegt hier auf den Schnittstellen zwischen Individuum, Forschungsteam und
Institut bzw. Forschungsgesellschaft als Multiplikatorin wissenschaftspolitischer
Interessen und Standards.

Weiter zeigt die Studie, dass das Thema Vereinbarkeit nach wie vor eine
starke Genderkomponente aufweist: In den zugrundeliegenden Interviews wird
eine starke Konnotation zwischen der Vereinbarkeitsproblematik und Frauen
deutlich. Diese Beobachtung gewinnt vor allem vor dem Hintergrund der Tatsache Bedeutung, dass Frauen in der außerhochschulischen Forschung, noch
stärker als in den Universitäten, vor allem in höheren Karrierestufen unterrepräsentiert sind (Abb. 1; vgl. auch Moss-Racusin et al. 2012).

Mit Blick auf das Spannungsverhältnis zwischen (politischem) Anspruch
und der konkreten Umsetzung werden im Folgenden die Maßnahmen zur Vereinbarkeit von Beruf und Familie in den Blick genommen. Wir betrachten, welche Bedeutung diesen Instrumenten im Vergleich zu anderen Steuerungsinstrumenten – etwa Instrumenten der Qualitätssicherung und der Exzellenz –
zukommt und wie genderspezifische Prozesse der Zuschreibung und institutio-

nellen Strukturierung verhindern, dass die Maßnahmen dazu beitragen können, das bestehende Gendergap in der außerhochschulischen Forschung abzubauen.

Betrachtet man die Organisationsstruktur der außerhochschulischen Forschungsgesellschaften, so handelt es sich dabei um Mehrebenensysteme, die aus einer Gesellschaft, einem Verbund oder einer Gemeinschaft bestehen,[2] in die die Institute oder Zentren eingebunden sind, die sich wiederum aus mehreren Abteilungen und Teams zusammensetzen. Wir untersuchen deshalb in einem Vergleich der soeben genannten Ebenen, wie Vereinbarkeit und Gleichstellungsmaßnahmen durchgesetzt werden und welche Steuerungseffekte festgestellt werden können. Denn bereits in den Interviews mit den Expertinnen und Experten der Dachgesellschaften und Institute hat sich gezeigt, dass es die Teams und Abteilungen sind, in deren Verantwortlichkeit die Umsetzung der Maßnahmen liegt.

2 Work-Life-Balance als Faktor für die Wettbewerbsfähigkeit

Vereinbarkeit von Beruf und Familie ist auch in den Einrichtungen der Spitzenforschung längst nicht nur Thema von Frauenversammlungen. Vielmehr hat sie sich zum Imagefaktor im Wettbewerb um die besten Köpfe entwickelt. Übergreifend zeigte sich, dass die Gesellschaften dem Thema eine hohe Bedeutung zumessen. Dabei werden vier Hauptgründe für die Einführung von Maßnahmen zur Vereinbarkeit genannt:

1) Personalbindung
2) Funktionales Argument
3) Druck durch das Personal
4) Imagefaktor/Wettbewerbsfähigkeit

Die Maßnahmen sind für die Institute wichtig, um das Personal an sich zu binden:

> *„Die kommen dann wieder und machen ihre Arbeit weiter, und es gibt nicht so eine Abbrecherzahl [...] wie es früher oft war, wo es diese Möglichkeit nicht gab, [...] dass man die eben in der Einrichtung hält, und dass die gern hier arbeiten, und dass sie auch bleiben"* (P12).

---

2   Eine Ausnahme bilden die Länder- oder Bundesressortforschungseinrichtungen, die anstatt der Gesellschaft das entsprechende Ministerium vorgelagert haben, welches jedoch eine andere Funktion als die Gesellschaft einnimmt.

Im Wissenschaftsalltag wird die Regulierung von Vereinbarkeitsfragen als funktionale Notwendigkeit beschrieben:

> *„Wenn ich Eltern habe, die bei mir arbeiten, muss ich auch einplanen, dass auch ein Kind mal krank wird"* (P5).

Auch der Druck durch die Arbeitnehmenden nimmt zu:

> *„Das war ein starkes Interesse einfach im Institut. Sagen wir mal engagierte Kolleginnen, die das in die Wege geleitet haben"* (P3).

Vor allem aber Wettbewerbsfähigkeit und Imagefaktor werden häufig als Grund genannt. Um renommierte Wissenschaftlerinnen und Wissenschaftler, auch aus dem Ausland, zu gewinnen, sei man in der Pflicht, die Vereinbarkeit von Beruf und Familie zu verbessern:

> *„Für uns war es einfach wichtig geworden, dass wir nach außen hin vermitteln, wir sind eine familienfreundliche Einrichtung, um entsprechend die Leute auch anzuwerben, weil die Leute, die aus dem Ausland kommen, das zumindest aus Australien, England oder aus den USA gewöhnt sind, dass solche Sachen für sie mit organisiert werden und sie da unterstützt werden. [...] Deswegen waren wir in der Pflicht, um weiter gute Leute zu gewinnen, auch solche Maßnahmen erstens zu ergreifen und zweitens auch nach außen zu kommunizieren"* (P12).

Gerade in Hinblick auf Maßnahmen wie die Zertifizierung *Total E-Quality* sowie das Audit *Beruf und Familie* wird deutlich, wie wichtig das Thema Vereinbarkeit auch für das Image der Einrichtungen ist. Hier kann ein regelrechtes *policy learning* festgestellt werden, im Sinne einer Diffundierung von *best practices* unter den Forschungsgesellschaften. Da die Forschungsgesellschaften dezentral organisiert sind, ist die Zertifizierung mit einem höheren Aufwand verbunden als bei den Universitäten. Als eine Gesellschaft sich erstmals mit all den ihr zugehörigen Instituten zertifizierte, hatte dies eine Signalwirkung für die übrigen Gesellschaften. Auf Basis unserer Interviews mit Expertinnen und Experten in den Dachgesellschaften konnten wir nachvollziehen, dass inzwischen eine breite Landschaft an teilweise oder komplett auditierten Gesellschaften besteht.

Zur Vereinbarkeit von Beruf und Familie haben die Dachgesellschaften bzw. Geschäftsstellen verschiedene *Maßnahmen* entwickelt:

- Eltern-Kind-Büro; Kinderspielzimmer
- Flexible Arbeitszeiten
- Institutseigene Kinderbetreuung
- Kinderbetreuung in Kooperation mit lokalen Trägern

- Kinderhotels, Betreuung von Kindern bei Dienstreisen
- Telearbeit

Die konkrete Regelung der Umsetzung dieser Maßnahmen obliegt jedoch den Instituten bzw. den Teamleitungen. Finanziert werden die Maßnahmen ebenfalls in den meisten Fällen von den Instituten, da die Dachgesellschaften bzw. Geschäftsstellen dafür keine Finanzierung bereitstellen dürfen. Dies weist bereits darauf hin, dass die Institute, vor allem aber die Teams selbst, bei der Umsetzung der Maßnahmen gefragt sind. Im Folgenden soll deshalb zunächst die Bedeutung von Maßnahmen der Vereinbarkeit auf Institutsebene im Vergleich zur Ebene der Dachgesellschaften betrachtet werden, um dann in einem weiteren Schritt zu untersuchen, welche der Maßnahmen auf der Ebene der Forschungsteams relevant werden.

Dafür untersuchten wir, welche Bedeutung den verschiedenen Maßnahmen zur Vereinbarkeit von Beruf und Familie durch Expertinnen und Experten auf Dach- und Institutsebene zugemessen wird. Dazu wurde zunächst betrachtet, wie häufig die Maßnahmen in den Interviews erwähnt wurden (vgl. Abb. 2).

Es zeigt sich, dass auf Institutsebene vor allem flexible Arbeitszeiten und Kinderbetreuung erwähnt wurden, während auf der Dachebene Telearbeit und Eltern-Kind-Büros stärker betont wurden. Eine tiefere Analyse der Interviews zeigt, dass auf Institutsebene die Problemlagen von Vereinbarkeit sowie die Umsetzung diesbezüglicher Maßnahmen stärker im Blick sind. So wurde etwa Telearbeit als schlecht umsetzbar konnotiert. Die schwierige Umsetzbarkeit wird auch auf Ebene der Teammitglieder genannt. Einige Wissenschaftlerinnen und Wissenschaftler gaben an, eine private Regelung von Pflege- und Familienaufgaben zu bevorzugen, da ihnen Institutsmaßnahmen zu unflexibel erschienen bzw. die Instrumente nicht ihren individuellen Bedürfnissen angepasst seien.

Auf Institutsebene wird auch noch stärker die Schwierigkeit gesehen, Frauen nach Familienphasen wiederzugewinnen. Ein Indikator dafür ist, dass hier die Vereinbarkeitsmaßnahmen mit Personalentwicklungsinstrumenten und Maßnahmen zur Karriereförderung kombiniert werden (Wiedereinstiegsstipendien, Entfristungsverfahren).

Zusammenfassend zeigt die Analyse der Ebene der Dachgesellschaften und der Institute, dass der Vereinbarkeit von Beruf und Familie dort eine hohe Bedeutung beigemessen wird. In den Interviews mit den Expertinnen und Experten wurde aber auch deutlich, dass die Ebene der Teams als diejenige angesehen wird, auf der die Vereinbarkeitsmaßnahmen umgesetzt werden müssen.

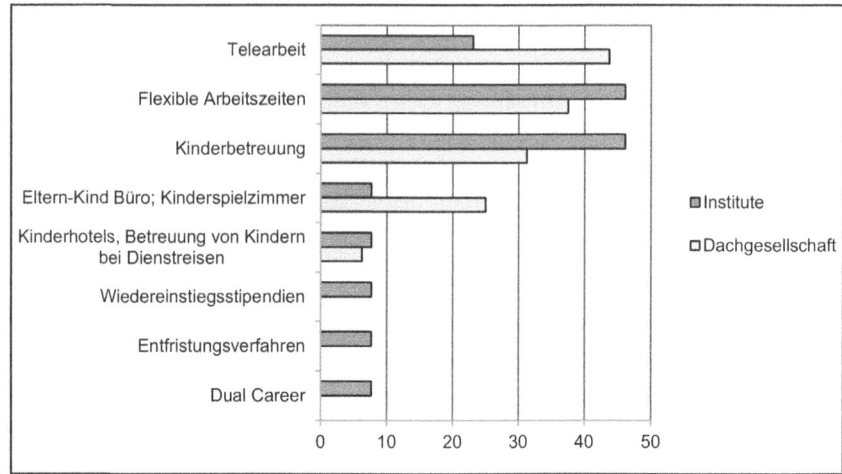

Abbildung 2:   Nennung von eingesetzten Maßnahmen zur Vereinbarkeit von Beruf und Familie durch Expertinnen und Experten in Prozent auf Dach- und Institutsebene

Geht man von Ansätzen der Teamforschung aus, so findet diese Schwerpunktsetzung durchaus ihre Entsprechung: Das Element der gegenseitigen Übernahme von Verantwortung ist in den meisten Teamdefinitionen enthalten (Katzenbach und Smith 2003, S. 70). Unter gleichstellungspolitischen Gesichtspunkten könnte Teamarbeit große Vorteile für Wissenschaftlerinnen und Wissenschaftler haben: Arbeitsausfall könnte durch das Team aufgefangen werden, wodurch die Vereinbarkeit von Beruf und Privatleben keine Unmöglichkeit mehr bliebe. Durch die Solidarität im Team könnte der Institutsstruktur und dem allgemeinen Konkurrenzdruck in der Wissenschaft etwas entgegengesetzt werden. Teams, so die These, sind die Vehikel der Forschungsgesellschaften, um die Maßnahmen zur Vereinbarkeit von Beruf und Familie umzusetzen. Wie wir im vorausgegangenen Beitrag zur Interaktion gezeigt haben, ist die These vom Team als Gegenpol zum Konkurrenzdruck nicht haltbar. Im Folgenden beleuchten wir, wie die Wissenschaftlerinnen und Wissenschaftler aus den Forschungsteams das Thema Vereinbarkeit von Beruf und Familie bewerten und inwiefern sich die These des Teams als „Vereinbarkeitsvehikel" für die von uns untersuchten Forschungsteams halten lässt.

3 Vereinbarkeit aus Perspektive der Teammitglieder

In der Auswertung der Teaminterviews wurden diejenigen Textstellen mit dem Code *Unterstützung durch Maßnahmen zur Vereinbarkeit von Beruf und Familie* kodiert, in denen konkrete Maßnahmen von Seiten der Gesellschaft oder des Instituts angesprochen wurden. Darunter fielen beispielsweise familienfreundliche Arbeitsfreistellung (Zugriff auf E-Mails, interne Weiterbildungen), Möglichkeiten des schrittweisen Wiedereinstiegs (abgestufte Teilzeit, Gespräche), familienunterstützende Dienstleistungen (Kita etc.) oder Freistellung bei Krankheit eines Kindes. Um einen möglichst umfassenden Blick auf Vereinbarkeit zu gewinnen, haben wir zusätzlich diejenigen Interviewstellen ausgewertet, die Informationen zu den Themen Work-Life-Balance, Auswirkungen von Arbeitsausfall auf das Team, Ausstiegsgedanken sowie Fragen sozialer Absicherung enthielten.

1) Vier Themenkomplexe kristallisierten sich bei der Analyse heraus:
2) Mangelnde Bekanntheit der Maßnahmen
3) Abhängigkeit der Umsetzung der Maßnahmen von Einzelpersonen
4) Individualisierung/Privatisierung der Vereinbarkeitsproblematik
5) Vereinbarkeitsproblematik als Ausschlussfaktor

Zu 1.: Regelungen, Rechtsansprüche, Maßnahmen oder Förderungsmöglichkeiten sind den Wissenschaftlerinnen und Wissenschaftlern nicht bekannt, bzw. können sie nicht auf diese zurückgreifen.

> *„Es gibt einen Vertrag mit dem Familienservice. Da wird nicht viel Werbung für gemacht. Und dann liegt es an den einzelnen Direktoren der Abteilungen, wie die das handhaben"* (P23.9).

In diesem Zitat zeichnet sich auch gleich der nächste Punkt ab:

Zu 2.: Es handelt sich bei den Maßnahmen zwar um einen Rechtsanspruch, dieser muss jedoch vom Arbeitgeber genehmigt werden (*„Und dann liegt es an den einzelnen Direktoren der Abteilungen, wie die das handhaben"*, P23.9). Daraus ergibt sich eine hohe Abhängigkeit vom „good will" der/des Vorgesetzten, was dazu führt, dass viele Wissenschaftlerinnen und Wissenschaftler, die in diesem extremen Abhängigkeitsverhältnis stehen, auf Ansprüche verzichten, um mögliche negative Auswirkungen auf ihre Karriere zu vermeiden.

Zu 3.: Fragen der Vereinbarkeit werden zu einer privaten Angelegenheit, und es findet eine Individualisierung der Probleme statt. Wissenschaftlerinnen und Wissenschaftler greifen auf private Maßnahmen zurück, da die vom Institut angebotenen Maßnahmen nicht ihrem Lebensalltag entsprechen bzw. der flexiblen Organisation der wissenschaftlichen Arbeit nicht angepasst sind. Unterstützung wird also privat organisiert. Hier wurden von den interviewten Personen vor allem die Partnerin oder der Partner genannt, die Familie, privat organisierte Unterstützung von außen (Au-Pair, Kindertagesstätte, Tagesmutter, Reinigungskraft) oder auch strukturelle Unterstützung (Nähe des Wohnorts oder der Kita zum Arbeitsplatz). Auffällig ist hier, dass, wenn es um Unterstützung bei Vereinbarkeitsfragen geht, die Familie unterstützt; wenn es um die Unterstützung in Karrierefragen geht, unterstützen hingegen Kolleginnen und Kollegen oder Freunde.

Zu 4.: Allein die Möglichkeit, dass es aufgrund von Vereinbarkeitsschwierigkeiten zu einem Konflikt zwischen Arbeit und Familie kommen könnte, kann schon als Ausschlusskriterium gelten. So wird das „Risiko" Vereinbarkeit schon im Vorfeld abgewendet:

> *„Man hat damals im Vorstellungsgespräch extrem viel von Familie gesprochen, und ob ich denn wirklich will und in diesem Sinne"* (P11.1).

Die genannten vier Dimensionen zeigen sich auch, wenn es um den Wiedereinstieg von Wissenschaftlerinnen oder Wissenschaftlern geht. Wir hatten hierzu einen Code entwickelt, mit dem wir untersuchen wollten, ob es in den außerhochschulischen Forschungseinrichtungen Modelle und Angebote gibt, um die Rückkehr nach einem längeren Ausfall, wegen Schwangerschaft, eigener Krankheit oder Pflegeleistung an Freunden oder Angehörigen zu erleichtern.

Zu 1.: In den Interviews zeigt sich, dass die Wissenschaftlerinnen und Wissenschaftler über ihren rechtlichen Anspruch auf Elternzeit informiert sind. Jedoch vermittelten viele interviewte Personen den Eindruck, sich die Elternzeit wie eine Art „Bonus-Leistung" erkauft zu haben, indem sie beispielsweise die ihnen zustehenden Elternmonate nicht ganz ausschöpften, auch während ihres Erziehungsurlaub arbeiteten oder im Vorfeld und im Anschluss an den Mutterschutz / die Elternzeit besonders viel und schnell arbeiteten, um Versäumtes aufzuholen.

> *„Es war klar, dass ich alles vorher abschließe, was irgendwie dringend dran ist. Das heißt, da hatte ich auch Stress und habe auch in den Mutterschutz rein noch länger gearbeitet. Wobei es mir gut ging, ich konnte auch arbeiten, und dann habe ich während der Elternzeit immer mal E-Mails beantwortet und dann, als ich wieder anfing, schnell hektisch wieder weitergemacht, um das ein bisschen aufzuholen"* (P6.5).

Über die Möglichkeit der Elternzeit hinaus waren den interviewten Personen aber so gut wie keine weiteren der oben dargestellten Maßnahmen und Instrumente zur Optimierung von Vereinbarkeit bekannt.

Der Wiedereinstieg ist dabei keine Selbstverständlichkeit und wird oft als Herausforderung empfunden, die auch mit Angst verbunden ist:

> *„Also ich weiß auch von der [Kerstin], dass sie da schon manchmal Angst hatte, ob das klappt und wie sie hier wieder reinkommen soll, und sie hat auch schon eine größere Tochter, also mit drei Kindern, und das dann zu vereinbaren, ich glaube, das wird für sie auch noch einmal eine Herausforderung"* (P21.3).

Vor allem wenn der Wiedereinstieg gegen Ende eines Projekts erfolgen soll, wird dies als große Herausforderung von den anderen Teammitgliedern empfunden: In der Abschlussphase muss unter Hochdruck gearbeitet werden, ein Wiedereinstieg von Kolleginnen und Kollegen in Teilzeit sowie eine Wiedereinarbeitung muss hier vom ganzen Team getragen werden.

Zu 2.: Viele der Befragten sind in befristeten Drittmittelprojekten beschäftigt, in denen das Auslaufen des Projektes mit dem Ende der Elternzeit zusammenfällt. Es hängt dann von den Gatekeepern ab, ob Möglichkeiten ausgeschöpft werden, den Vertrag um die Dauer, die für Elternzeit in Anspruch genommen wurde, zu verlängern: *„[D]ann wird diskutiert, ob ich noch einmal eine Vertragsverlängerung bekomme"* (P25.4). Eine Weiterbeschäftigung stellt sich zum einen als schwer möglich dar, zum anderen aber oft auch als seitens der Projektverantwortlichen nicht gewünscht, da die Schwangerschaft das Projekt „unplanbar" macht:

> *„Die werden schwanger, und dann sind die natürlich viel krank, während sie schwanger sind, und dann gehen sie in Elternzeit. Die meisten haben bis jetzt Kurzzeitverträge gehabt. Also von den vier Leuten, die ich bis jetzt hatte, die schwanger wurden, habe ich zwei nicht weiterbeschäftigen können. Eine ist noch in Elternzeit, und die Vierte ist jetzt gerade schwanger. Also das macht für mich alles extrem unplanbar. Kaum plane ich etwas, wird schon wieder jemand schwanger, wobei ich dafür bin, aber es macht es schwierig"* (P24.2).

Hier deutet sich auch der vierte Themenkomplex an: Vereinbarkeit als Ausschlussfaktor. Personen, die aus Sicht der Gatekeeper „zu lange" aussteigen, qualifizieren sich für den Wiedereinstieg ab.

> *„In den letzten zwei Fällen war es so, dass die dann einfach nach einem halben Jahr gemerkt haben, dass sie wieder einsteigen müssen, weil sie sonst den Anschluss verpassen"* (P6.1).

Zu 3.: Die Interviews zeigen, dass es beim Wiedereinstieg auf das eigene Engagement und eine gute individuelle Planung vor der Elternzeit ankommt. Die Projektinhalte müssen so gestrickt werden, dass der Ausstieg gut in die Projektstruktur passt, wie das folgende Zitat zeigt:

> *„Elternzeit, das ging, das hat sie aber auch sehr gut geplant und bestimmte Dinge
> echt gut hingekriegt. Also Projekte auf Eis gelegt oder Abschnitte so geplant, dass
> das dann funktioniert hat. Prinzipiell wäre es natürlich immer schwierig, wenn je-
> mand ausfallen würde. Wir haben einfach zu viel Arbeit"* (P25.1).

Ob die Wissenschaftler und Wissenschaftlerinnen den Anschluss verlieren, oder
aber ob der Wiedereinstieg gelingt, ist ebenfalls Sache der Individuen:

> *„[...] ich glaube, ich habe immer noch ganz schön viel mitgekriegt, dafür, dass ich
> nicht da war. Aber das lief alles aus meiner Initiative heraus. Wenn ich mich nicht
> gemeldet hätte – ich bin nicht nur zu den Teamsitzungen gekommen, sondern ich bin
> auch früher gekommen oder länger geblieben und habe einen Kuchen mitgebracht,
> was man so macht, um genau diese informelle Kommunikation noch ein bisschen
> anzustoßen. Es ist ja genauso auch andersrum, meine Kollegen hat es interessiert,
> wie es mir oder dem Kleinen geht. Ich hatte ihn oft dabei"* (P25.4).

Die Verantwortung wird hier bei den Aussteigerinnen und Aussteigern selbst gesucht:

> *„Ja schon, klar, jeder will noch weiter nachher Karriere machen. Aber die Planung
> geht ja dann nicht über das Elternjahr hinaus. Bis jetzt hatte ich noch keine, die
> nicht das ganze Elternjahr ausgeschöpft hat. Also man merkt dann natürlich schon
> sehr stark, dass sich in dieser Phase die Präferenzen ganz stark verschieben. Wobei,
> ich muss sagen, ich habe auch ein Kind, und ich bin sehr stolz darauf, dass ich das
> geschafft habe, ein Kind zu bekommen, mit dieser Karriere. Ich war anders. Wenn
> ich das mit mir vergleiche, ich war anders. Ich habe immer versucht, ganz stark zu
> vermitteln, dass ich weitermachen will, und dass das nicht das Ende ist. Ich bin nur
> drei Monate weggeblieben, und ich habe einfach Präsenz gezeigt, und dass es mir
> wichtig ist, und das sehe ich nicht. [...] Ja also es war einfach so, dass sich diese
> Präferenzen verschoben hatten, weg von der Dissertation, die haben dann auch die
> Diss nicht fertiggemacht. Also man merkt das einfach, wie die Präferenzen einer
> Person sind"* (P24.4).

Es zeigte sich zwar, dass teilweise auf unterstützende Maßnahmen wie den kon-
trollierten Wiedereinstieg zurückgegriffen wurde, gleichzeitig greifen aber die
Kriterien wissenschaftlicher Exzellenzmessung, die ein langsames Einsteigen
eigentlich unmöglich machen. Auch hier lässt sich also eine Verlagerung der
Problemlage auf die Ebene der Teams beobachten (die den Ausfall abfedern

müssen), und dies führt wiederum in letzter Konsequenz zu einer Individualisierung der Probleme.

Diese Dynamik verstärkt sich noch bei Führungspersonen. Dementsprechend scheint auch vor allem hier der schrittweise Einstieg über Teilzeitmodelle eher eine Seltenheit zu sein:

> *„Das gibt es meines Wissens gar nicht. Das hat aber auch noch niemand versucht. Ich könnte mir vorstellen, dass der eine Abteilungsleiter, der jetzt gerade in Elternzeit ist, dem gar nicht so unbedingt abgeneigt wäre, aber das hat es bisher noch nicht gegeben. Ich glaube aber, dass es theoretisch machbar wäre"* (P22.1).

Wir stehen vor einem Rätsel: Wir haben gezeigt, dass Vereinbarkeit und Gleichstellung wichtige Leitbilder der Forschungsgesellschaften sind. Blicken wir aber auf die Ebene der Teams, finden wir dies kaum umgesetzt. Zur Erklärung dieses Rätsels wagen wir einen Blick auf die Mehrebenenorganisation der außerhochschulischen Forschungsgesellschaften.

4 Erklärungsansätze für den Steuerungsverlust und das Gendergap

Im Folgenden wollen wir den Ursachen dafür nachgehen, warum die von oben eingeführten Maßnahmen nicht nach unten durchdringen. Welche Bedeutung kommt den Maßnahmen zur Vereinbarkeit von Beruf und Familie im Vergleich zu anderen Steuerungsinstrumenten – etwa Instrumenten der Qualitätssicherung und der Exzellenz – zu? Wie verhindern genderspezifische Prozesse der Zuschreibung und institutionellen Strukturierung, dass das Team sich positiv auf die Karriere von Wissenschaftlerinnen auswirkt und außerdem zur Überwindung der Vereinbarkeitsproblematik beiträgt?

4.1 *Konkurrenz unterschiedlicher Leitbilder*

Auf die oben formulierten Fragen haben wir versucht, anhand von Kookkurrenzen einen ersten Zugang zu finden. Kookkurrenzanalysen untersuchen das gemeinsame Auftreten von Wörtern in übergeordneten Texteinheiten (hier unseren Interviews). Dahinter steht die Annahme, dass Begriffe, die häufig gemeinsam auftreten, voneinander abhängig sind. Für die Analyse werden die Interviews zunächst halbautomatisch kodiert. Anhand einer Querschnittsanalyse über alle In-

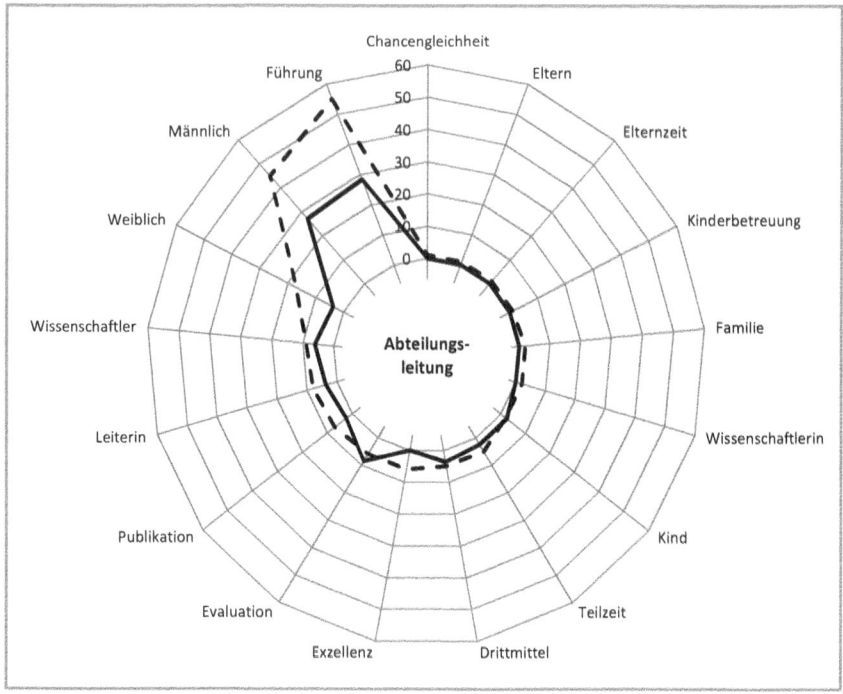

Abbildung 3:   Kookkurrenzanalyse zum Begriff *Abteilungsleitung*

terviews der Stichprobe hinweg kann dann betrachtet werden, welche inhalt-
lichen Zusammenhänge in den Texten besonders häufig vorkommen. Die Kookkurrenzanalyse ermöglicht es so, gemeinsam auftretende Phänomene zu betrachten, die bei der Analyse einzelner Textstellen nicht in den Blick geraten würden.

Unsere Kookkurrenzanalyse in Bezug auf das Thema Vereinbarkeit zeigt,
dass sowohl auf der Ebene der Institute als auch auf der Ebene der Dachgesellschaften die Position einer *Abteilungsleitung* kaum mit Begriffen wie *Eltern, Elternzeit, Kind* oder *Familie* konnotiert wird. Es findet also keine Konnotation der Person einer Abteilungsleitung mit Vereinbarkeitsproblematiken statt
(vgl. Abb. 3).

In einer Kookkurrenzanalyse zum Begriffsfeld *Evaluation* hingegen zeigt
sich vor allem eine starke Konnotation mit den Begriffen *Publikation* und *Evaluation* sowie dem Begriff der *Exzellenz* – dem Vokabular also, das zum Instru-

Abbildung 4:   Kookkurrenzanalyse zum Begriff *Evaluation*

ment der Qualitätssicherung der Forschungseinrichtungen gehört. Das Begriffs-feld *Vereinbarkeit* ist weit abgeschlagen. Auch das Begriffsfeld *Gleichstellung*, das auf Ebene der Dachgesellschaften zumindest noch eine gewisse Rolle spielt, ist auf Institutsebene von geringer Bedeutung (vgl. Abb. 4).

Mit diesem Befund nähern wir uns einer ersten Erklärung, warum Maß-nahmen zur Vereinbarkeit von Beruf und Familie zu wenig greifen. Diese ist vor allem in der Entwicklung von Evaluationsverfahren als Instrument zur Be-wertung der wissenschaftlichen Qualität in deutschen Forschungseinrichtungen zu suchen.[3] Vor allem die Ex-Post-Evaluationen, bei denen nachträglich die For-

---

3   Seit den 1970er Jahren hat ein stetiger Wandel des deutschen Wissenschaftssystems stattgefun-den. Der Übergang war vor allem durch eine engere Integration der Teilsysteme *Wissenschaft* und *Wirtschaft* verursacht und führte zu einer Änderung der Steuerung des Wissenschafts-systems (Heinze und Arnold 2008; Knie und Simon 2009; Lengwiler 2010; Hohn und Schi-mank 1990).

schungsleistung, gemessen an der Menge an Publikationen, eingeworbenen Drittmitteln und in einigen Fällen Patenten, betrachtet wird, kommen inzwischen regelmäßig zum Einsatz. Wie Graf und Schmid (2011) zeigten, üben die Evaluationen direkten Einfluss auf die Arbeitsumgebung der Wissenschaftlerinnen und Wissenschaftler aus, da sie direkt mit der Finanzierung der Forschungseinrichtungen verbunden sind, teilweise Gutachterinnen und Gutachter von hohem Renommee bestellt werden und das Verfahren aufwendig ist. Aus den Evaluationen können Handlungsempfehlungen abgeleitet werden. Diese können von Empfehlungen an die Institute über Auswirkungen auf die Finanzierung bis hin zur Schließung von Instituten oder Abteilungen reichen (Graf und Schmid 2011).

Es sind die Abteilungsleitungen, die sich durch ihre eigene Forschungsleistung sowie die ihres Teams in der Evaluation beweisen müssen. Auf Institutsebene werden somit die Positionen von Führungskräften noch stärker mit dem Prozess der Evaluation und hochgesteckten Leistungskriterien verbunden als auf Dachebene, es findet hier also eine Verstärkung des Steuerungseffektes statt. Dieser Druck, unter dem die Leitungen stehen, überträgt sich auf die einzelnen Mitglieder der Teams:

So berichtete eine Wissenschaftlerin von extremem Druck, der, von ihrem Chef ausgehend, über ihre Teamleitung auf sie und ihr Team weitergegeben wurde:

> *„Das wird auf die [Claudia] abgeschoben, und die [Claudia] gibt das dann weiter. Man hat es nicht einfach bei ihm [Institutschef], weil er extrem auf Publikationen aus ist, ständig neue Grants haben will und viele Leute in seinem Labor beschäftigen will. Das verstehe ich auch alles, aber ich würde mich zum Beispiel gar nicht trauen, schwanger zu werden. Das würde ihm überhaupt nicht gefallen"* (P10.3).

Leitbilder wie Vereinbarkeit werden dagegen oft als von außen vorgegeben oder als nicht vereinbar mit den Leistungskriterien dargestellt. Gerade für Führungspositionen ist der Zugang zu den entwickelten Maßnahmen zur Vereinbarkeit schwierig:

> *„Selbst wenn ich jetzt nach dem Mutterschutz sagen würde, ich arbeite reduziert und bin dann zu Hause. Die Betreuung muss ich ja leisten"* (P14.2).

Der Steuerungseffekt verstärkt sich auf der Ebene der Institute: Auf Dachebene halten 68 % der Interviewpartnerinnen und -partner Führung in Teilzeit für schlecht möglich oder unmöglich, auf Institutsebene sind es 84 %. Auf beiden Ebenen wird dies mit organisationalen Ansprüchen (Umfang der Arbeit) und funktionalen Anforderungen (Unteilbarkeit von Führungsverantwortung) begründet. So beschreibt P24 Wissenschaft als großen „*Wettbewerb*" und „*Kampf*". Wer eine Gruppe leitet, muss demnach vollständig verfügbar sein, denn den Forschungswettbewerb kann man nicht in Teilzeit bestehen:

> „*Ja, diese hohen Qualitätsansprüche, die man hat, sind kaum zu schaffen. Man kann da nicht einem Beirat sagen, ja gut, die Dame ist aber nur 50 Prozent hier, und eigentlich müssten Sie jetzt die Leistungen der beiden Damen zusammenzählen in der wissenschaftlichen Beurteilung, das wird kein Beirat machen*" (P39).

Während aber auf Ebene der Dachgesellschaften auch diejenigen, die Teilzeit und Führung generell für möglich halten, sehr unkonkret bleiben, werden auf Institutsebene Bedingungen formuliert, unter denen Führung in Teilzeit doch möglich sei. Zunächst zeigte sich, dass die Art der Stelle ausschlaggebend dafür ist, ob Teilzeit gewährt wird. So ist bei unbefristeten Stellen Teilzeit noch komplizierter, da sie zu den Evaluationskriterien beitragen sollen:

> „*Aber natürlich ist so eine permanente Wissenschaftlerin hier eine wichtige Position, zumal wir nur zwei haben pro Abteilung, und dann das Ganze auf Teilzeit, das mag kompliziert sein*" (P39).

Dies deckt sich mit dem Befund, den wir zur Konnotation von Abteilungsleitungen mit Evaluationskriterien angestellt hatten.

Drittmittelprojekte werden in Bezug auf Vereinbarkeit von Beruf und Familie nochmals besonders problematisiert:

> „*Ich bin ja in den letzten zwei Jahren sehr gesegnet gewesen mit schwangeren Doktorandinnen. Ich sage, so etwas schafft wirklich Probleme. Einfach deswegen, weil die Drittmittelgeber nicht danach fragen. Selbst wenn man Ersatz bekommt oder wenn die Frist verlängert wird, der DFG-Bericht ist trotzdem fällig. Also ich finde es nicht so schwierig, ich habe auch einige Fälle gehabt, da war das super zum Ende der praktischen Arbeiten, und da ging das ganz problemlos. Aber es gibt andere Fälle, wo es wirklich schwierig war und wo dadurch auch unser DFG-Projekt gescheitert ist*" (P19).

Die Ergebnisse zeigen, dass sich zwei Leitbilder der außerhochschulischen Forschung – exzellente Forschung und Vereinbarkeit von Familie und Beruf – ganz unterschiedlich durchsetzen. Gängige Exzellenzkriterien zielen immer noch auf eine Einzelkarriere und auf Wissenschaft als Lebensform mit 100 % zeitlicher Verfügbarkeit ab. Steuerungsinstrumente, die zur Qualitätssicherung der Forschungsgesellschaften beitragen, sind sehr wirkungsmächtig – die dazugehörigen Leitbilder der Forschungsgesellschaften sickern fast wortwörtlich bis auf die unterste Ebene durch, ja verstärken sich zum Teil sogar noch. Das von oben formulierte Leitbild der Vereinbarkeit hingegen erfährt einen sukzessiven Steuerungs-verlust. Die Maßnahmen kommen auf der Teamebene nicht an.

Dies ist zunächst überraschend, haben doch die Dachgesellschaften Instru-mente entwickelt, um Vereinbarkeit und Chancengleichheit zu sichern. Als Hauptsteuerungsinstrument dienen dazu jedoch, wie wir in der Analyse gezeigt haben, dieselben Regelevaluationen, die auch die wissenschaftliche Exzellenz und die Menge der Publikationen und Drittmittel sichern sollen. Bezüglich der Durchschlagkraft der Kriterien der Chancengleichheit und der Vereinbarkeit von Beruf und Familie in der Evaluation hatte jedoch bereits unsere Analyse der Dachgesellschaften ergeben, dass diese Kriterien der Leistungsbewertung des Führungspersonals nachgeordnet sind (Graf und Schmid 2011). Zwar müssen Forschungseinrichtungen die Kriterien erheben, als Problem wurde aber in den Interviews auf Dachebene dargestellt, dass es im Ermessen der Gutachter liege, wie stark das Kriterium angewendet wird. Auch wurde dargestellt, dass es im Er-messen der Institute liege, auf die Evaluationsergebnisse zu reagieren oder nicht.

Im Vorangegangenen konnten wir also zeigen, wie die von den Gesellschaf-ten eigens entwickelten Maßnahmen zur Vereinbarkeit von Familie und Beruf einen Steuerungsverlust erfahren und nicht oder nur unzureichend auf der Team-ebene ankommen. Warum sind es aber vor allem Frauen, die von diesem Steue-rungsverlust betroffen sind? Und wie lässt es sich begründen, dass auch Frauen betroffen sind, die weder Kinder noch Pflegeverpflichtungen haben?

4.2   Konnotation von Frauen mit Vereinbarkeit – Mechanismen der Zuschreibung

Um geschlechterspezifische Prozesse der Zuweisungen nachverfolgen zu kön-nen, haben wir bei der Auswertung diesbezüglich relevanter Codes das Daten-material nach Geschlecht gefiltert. Das heißt, bestimmte Textstellen wurden nach männlichen und weiblichen Interviewpartnerinnen und -partnern getrennt aus-gewertet.

Dabei zeigt sich bei der Analyse der Erwartungen an das Team, dass vor allem Wissenschaftler*innen* äußern, dass sie sich durch das Team Entlastung wünschen. Auf das Team könnten Arbeitsaufgaben verteilt werden, das Team könne bei Zeitdruck unterstützen und den eigenen Arbeitsausfall auffangen. Vor allem eine Entlastung in Vereinbarkeitsfragen wird hier von den Wissenschaft-ler*innen* angesprochen.

Diese Erwartungen, die vor allem von den Wissenschaftler*innen* formuliert wurden, zeigen sich in der Bewertung der tatsächlichen Interaktion der Teammitglieder durch die interviewten Personen jedoch nicht umgesetzt: Bei beiden Geschlechtern fanden wir überwiegend Beispiele, in denen die Vereinbarkeit von Beruf und Familie im Konflikt stehen. Mobilität wird hier als eine wichtige Einschränkung gesehen. Häufige Dienstreisen, Feldforschungen oder Exkursionen, vor allem aber die in der Wissenschaft üblichen und für die meisten Karrieren erforderlichen Auslandsaufenthalte und der häufige Wohnortswechsel sowie die Notwendigkeit des Pendelns werden hier genannt:

> *„Es ist schwierig. Mein Kind ist ein Jahr, ich muss nach Berlin pendeln. Also eigentlich ist es in dieser Lebensphase überhaupt nicht dran, aber es ist eben eine schöne Chance"* (P6.5).

Umgekehrt können kurze Arbeitswege in alltäglichen Vereinbarkeitsfragen eine wichtige Unterstützung bieten:

> *„Und was für mich ganz wesentlich ist, wenn wir in der nächsten Woche umziehen, dann ist mein Arbeitsplatz in der Nähe von der Kita. Im Moment habe ich einen sehr langen Weg. Da ist das Thema Vereinbarkeit von Familie und Beruf. Arbeitswege sind der größte Frustfaktor dabei"* (P25.4).

Beide Geschlechter sehen sich in einem Abhängigkeitsverhältnis gegenüber ihren Vorgesetzten. Familienfreundlichkeit wird sehr individuell geregelt und hängt vom „good will" der Vorgesetzten, aber auch der Abteilungen ab:

> *„Vor allem hängt das immer von der Abteilung ab, inwieweit dann auch mal Heimarbeit gewährt wird. Zum Beispiel um das mit kranken Kindern zu managen und solche Dinge, aber das ist von Abteilung zu Abteilung verschieden. Aber im Prinzip ist es möglich"* (P21.2).

Auch das Gefühl, sich Familienzeiten „erkaufen" zu müssen (durch Mehrarbeit unter der Woche oder kürzere Elternzeiten), findet sich bei Männern wie bei Frauen.

Von einigen Wissenschaftlern wird die Verantwortung für Familie und Pflege eindeutig den Frauen zugeschrieben. In den Interviews mit den Wissenschaftler*innen* zeigt sich diesbezüglich, dass diese die ihnen zugeschriebene Rolle annehmen. So wird beispielsweise *„familienfeindlich"* mit *„nicht frauenfreundlich"* gleichgesetzt (P6.1). Hier war spannend zu sehen, dass von mehreren Frauen die gesellschaftlichen Erwartungen angesprochen wurden: Soziale Akzeptanz ermöglicht Vereinbarkeit.

„Ich muss aber dazu sagen, ich bin im Osten groß geworden, da sind die Frauen auch nach drei Monaten wieder arbeiten gegangen. Das machen sie auch in Amerika oder in Frankreich und auch in Skandinavien. Das wird halt unterstützt, und das finde ich schon in Ordnung" (P10.1).

„Ich hatte die Kinder zu DDR-Zeiten klein, und da war das überhaupt kein Problem. Die Kinder waren gewollt. Ich war im 4. Monat schwanger, da hatte ich schon den Krippenplatz sicher. Das war eine andere Zeit. [...] Das haben alle so gemacht" (P1.8).

Ein deutlicher Unterschied zeigte sich in der Gewichtung des Verhältnisses von Arbeit und Familie. Während die meisten Männer das Spannungsverhältnis eher aus der Perspektive sahen, dass die Arbeit das Familienleben verhindere, so zeichnete sich bei den Frauen ein deutlicher Schwerpunkt auf der Familie ab, die ihre Möglichkeiten zu arbeiten verhindere beziehungsweise stark einschränke.

Vereinbarkeitsmaßnahmen gehen also meist zu Lasten des Teams, von dessen Solidarität es abhängt, ob eine Auszeit für Elternzeit, Krankheit oder Pflege möglich ist, und ob der Wiedereinstieg gelingt. Die Vereinbarkeit von Beruf und Familie im Team scheint aber mit hohen Kosten verbunden zu sein, die trotz vielfacher Maßnahmen zur Vereinbarkeit kaum von den Instituten aufgefangen werden. Aufgrund fehlender Unterstützung und einer Struktur, die Ausfall nur schwer möglich macht, ergibt sich im Forschungsalltag vor allem ein Konflikt zwischen Teaminteressen und Interessen des Individuums bzw. individuellen Möglichkeit der Vereinbarkeit. So berichtete eine Teamleitung:

„[...] ich bin für eine höhere Fertilität, aber meine Leute werden einfach immer ununterbrochen schwanger. Das macht es sehr schwer für mich. Ich kann nicht so planen" (P24.2).

Auf die Frage, ob sie Unterstützung bekomme, antwortete sie: *„Nein das muss ich managen, ich muss schauen, wer für die einspringt"* (P24.2). Aufgrund dieses Konfliktes führt aber bereits eine angenommene Vereinbarkeitsproblematik zu Stigmatisierungen, etwa geringerer Zuweisung von Chancen. Ausgehend von der These Joan Ackers (1998), dass Gesellschaften je nach Geschlecht unterschiedliche Bewertungskriterien entwickeln, konnten wir bereits in einer ersten Studie auf Ebene der Dachgesellschaften feststellen, dass vor allem Wissenschaftler*innen* mit Vereinbarkeitsproblematik, mit Arbeitsausfall und mit geringer zeitlicher Verfügbarkeit konnotiert werden. Im Folgenden zeigen wir, wie sich dies auf Ebene der Teams fortsetzt und verstärkt.

*„Komischerweise ist das bei Frauen, das habe ich jetzt gerade bei der Berufungs-
kommission gemerkt, dass [das bei] weiblichen Kandidaten immer [mehr] diskutiert
wird als bei Männern. Wenn bei einer Frau zum Beispiel drinsteht zwei Kinder,
dann wird über die zwei Kinder diskutiert, und wenn bei einem Mann drinsteht zwei
Kinder, dann wird das überhaupt nicht diskutiert, und das finde ich ganz blöd"*
(P8.1).

Das vorangegangene Zitat legt offen, dass auch in den außerhochschulischen
Forschungseinrichtungen auf allen Ebenen stereotype Zuschreibungen vorgenommen werden. So zeigt sich auch, dass die Erstnennung von Vereinbarkeits-
themen durch die Interviewpartnerinnen und -partner fast durchgängig frauen-
spezifisch erfolgte. Diese Naturalisierung des Themas, d.h. die starke Konnotation von Vereinbarkeitsproblemen mit der „Natur der Frau", zeigt sich auch in
der Sanktionierung von nicht rollenkonformem Verhalten von Männern. So berichtete eine Interviewpartnerin von einem Fall, in dem ein Kollege gemobbt
wurde, weil dieser ein Jahr Elternzeit genommen hatte. Dieser Fall findet seine
Entsprechung auf der Institutsebene, wo die leitende Person einer Arbeitsgruppe
die Elternzeit von Vätern in der Promotionsphase negativ konnotiert:

*„Weil die Sache ist halt, ich glaube, auch als Doktorand ist man so motiviert, seine
Doktorarbeit fertigzumachen. Da wüsste ich nicht, ob man dann wirklich auf die
Idee kommen würde, das machen zu wollen. Als Frau ist das etwas anderes. Das
Kind ist dann da, aber als Mann. Ab einer bestimmten Position würde ich sagen,
kein Problem. Also als Postdoc könnte man dann auch irgendwie eine Regelung finden. Wobei, wie gesagt, so einfach jetzt ein halbes Jahr. Ich fände dann eine Regelung besser, dass man sagt, irgendwie die halbe Woche oder so. Das finde ich okay,
dass dann trotzdem die Arbeit noch irgendwie weitergeht"* (P40).

Das letzte Beispiel zeigt, dass die betroffenen Führungspersonen, die bei einem
Teammitglied mit Vereinbarkeitsproblematiken konfrontiert werden, oft von
ihrer eigenen Motivation ausgehen und danach auch die Teammitglieder aus-
suchen, gemäß der These der *homosozialen Kooptation. Kooptation, Kooption*
oder *Kooptierung* bezeichnet die Praxis von Organisationsmitgliedern, selbst
Nachfolger für ausgeschiedene Mitglieder oder zusätzliche Mitglieder zu wählen. Kooptation dient damit dem Erhalt einer möglichst homogenen Gruppen-
identität (Loewenstein 1982, S. 134). Erfüllt das Teammitglied diese Erwartungen nicht bzw. nicht mehr, wird es abgewertet.

Bei einem näheren Blick auf geschlechtsspezifische Zuweisungen konnten
wir eine Wechselbeziehung zwischen Individuum und Gesellschaft wahrnehmen:
So nehmen Frauen die soziale Rolle, die ihnen zugeschrieben wird, an und
schreiben sie fort. Von den interviewten Wissenschaftler*innen* wurden beispiels-

weise häufig familiäre Gründe angeben, um zu erklären, warum sie bestimmte Karriereschritte langsamer oder gar nicht gingen. Auch vom Team wünschten sie sich in erster Linie Entlastung und erst in zweiter Linie Unterstützung bei Outputfaktoren, etwa gemeinsamen Publikationen. Zwar finden sich auch in den Interviews mit Wissenschaftlern immer wieder Reflexionen über die schlechte Vereinbarkeit von Beruf und Familie. Die Familie wird hier aber eher als Hemmnis beschrieben, das dazu führt, bestimmte Karriereschritte nicht gehen zu können.

Um den beschriebenen Zuschreibungen entgegenzuwirken, bemühen sich viele Wissenschaftlerinnen um eine besonders gute Erbringung der Leistungskriterien. Hier greift der Effekt des *Tokenismus*. Rosabeth Kanter (1997) zeigte am Beispiel von Top-Managerinnen, dass Angehörige von Minderheitengruppen in einer Organisation aufgrund ihres Minderheitenstatus Diskriminierungen ausgesetzt sind. Zum einen sind sie „Alibipersonen", da sie ausgewählt wurden, um ihre Minderheit zu vertreten. Zum anderen sind die Tokens aber auch gut sichtbar in einer Organisation und stehen daher unter besonderem Leistungsdruck.

Nach Kanter erfahren die „Alibifrauen" folgende Effekte:

1) Frauen bekommen mehr Aufmerksamkeit und sind sichtbarer innerhalb der Gruppe. Erhöhter Leistungsdruck führt zu Verunsicherung und damit zu einer höheren Wahrscheinlichkeit, Fehler zu begehen (Kanter 1977, S. 972).

2) Die Anwesenheit der Tokens setzt auch die Nicht-Token-Kollegen unter Druck. Fühlen sich diese durch das „Anderssein" der Tokens herausgefordert, stärken sie automatisch die Leitkultur der Organisation, bis hin zur Übertreibung (Kanter 1977; Gustafson 2008, S. 2). Als Auswirkungen von Tokenismus nennt Kanter Erschöpfung, berufliche Unzufriedenheit bis zu Ausstiegsabsichten aus dem Berufsfeld / der Organisation.

In unseren Forschungsteams zeigen sich Effekte des Tokenismus insofern, als sich Wissenschaftler*innen* besonders bemühten, keine „Probleme" durch den Wunsch nach Vereinbarkeit von Beruf und Familie zu verursachen und durch gute Leistungen aufzufallen. So berichtete etwa ein interviewter Abteilungsleiter von einer Doktorandin, die trotz Elternschaft entfristet wurde. Sie hatte dies erkauft, in dem sie auf die Elternzeit verzichtet und auf einen *„stützenden Partner"* zurückgegriffen hatte (P19).

> *„Also die [Jana], die ist ja, nachdem die aus [Calgary] wiederkam, ist sie auch schwanger gewesen nach zwei Monaten, und dann hat sie mir aber gleich gesagt, dass sie nur die unmittelbare Mutterschutzzeit nimmt und dann wiederkommt, weil*

ihr Mann sich kümmert, und das macht sie jetzt auch super, ganz klasse. [...] Die könnte ein bisschen extrovertierter sein, aber ansonsten macht die das alles super, hat sehr gute Leistungen, und da habe ich zwei Jahre darum gekämpft, dass wir die entfristet haben. Der Vorstand will das nicht, das machen wir nicht. Irgendwann hat es dann doch geklappt, steter Tropfen höhlt den Stein" (P19).

Die Vorangegangene Analyse zeigt, dass die Problematisierung der Vereinbarkeit von Beruf und Familie, etwa des Ausfalls aufgrund von Familienzeit, nach unten hin von Ebene zu Ebene zunimmt und in der Folge auf Teamebene in manchen Fällen ein nahezu unüberwindbares Hindernis darstellt. Auch die existierenden Maßnahmen ändern daran nichts. Die Gewährung dieser Maßnahmen ist keine Selbstverständlichkeit, sondern ein Bonus für besonders wünschenswertes Verhalten. Der positive Effekt wurde in diesem Fall durch die Sichtbarkeit Janas gegenüber dem Abteilungsleiter ermöglicht, der hier als Gatekeeper fungierte.

5 Fazit

„And there was one example of a family, both academics, and they had to move through the whole of Germany and Europe and so on, how this problem of stability of work or environment really affects families, which somehow, us being this near, we see it all the time, we see it as normal, it is totally normal, the way of life. But in the end it makes invisible scars" (P16.2).

Zusammenfassend kann also festgestellt werden, dass alle außerhochschulischen Forschungseinrichtungen sich inzwischen die Vereinbarkeit von Beruf und Familie auf die Fahnen geschrieben und dazu auch einen breiten, extrem aufwendigen Maßnahmenkatalog entwickelt haben. Wie das obige Zitat aber zeigt, kommen diese Maßnahmen immer noch unzureichend bei den Wissenschaftlerinnen und Wissenschaftlern an. Der Preis, den Wissenschaftlerinnen und Wissenschaftler für die Vereinbarkeit von Beruf und Familie zahlen, hinterlässt auch in den bestorganisiertesten Familien „invisible scars". Dies zeigt, dass wir es mit einem Steuerungsverlust zwischen Dachgesellschaft, Instituten und Forschungsteams zu tun haben. Während wir in Bezug auf die Werte, also in unserem Fall Vereinbarkeit und Gleichstellung, durch die Ebenen hinweg einen hohen Konsens feststellen konnten, lagen die Unterschiede und das Konfliktpotential in der Bewertung und Auswahl der Instrumente, die zum Erreichen dieser gemeinsamen Ziele gewählt wurden. Aufgrund der diesbezüglich konfligierenden Interessen bleibt die Umsetzung mangelhaft und die Instrumente hebeln sich teilweise gegenseitig aus.

In der Analyse wird deutlich, dass Wissenschaftlerinnen wie Wissenschaftler sich die Maßnahmen zur Vereinbarkeit erst „verdienen" müssen. Dies gilt vor allem für Führungspositionen. Statt zunehmender Vereinbarkeit wurden auf Ebene der Teams und der Institute Anforderungen an zeitliche Verfügbarkeit des wissenschaftlichen Personals noch stärker geäußert als auf Ebene der Dachgesellschaften, da zeitliche Verfügbarkeit eng mit der Erbringung des Hauptleistungskriteriums „Publikationen" verbunden wird. Auch bilden Förderstrukturen wie Drittmittelprojekte oft ein enges Korsett, das einen Ausfall von Personen, wegen Krankheit, Pflege, Elternzeit oder Fortbildung, unmöglich macht. In den meisten Instituten besteht inzwischen ein Mangel an unbefristeten Stellen, die den Übergang zwischen den verschiedenen Drittmittelprojekten gewährleisten könnten. Die Teams können diesen Mangel nicht auffangen. Hier zeigt sich, dass die Forschungsteams dem Anspruch von Theorie und Praxis, „Solidargemeinschaft"[4] zu sein, nicht gerecht werden können. Unsere Projektergebnisse legen nahe, dass die Idee von Forschungsteams, die sowohl Drittmittelausschreibungen als auch der Struktur vieler Institute innewohnt, am Alltag der Forschungsteams vorbeigeht. Denn jedes Team besteht aus Einzelpersonen, die sich nach Ablauf von befristeten Verträgen, Drittmittelprojekten sowie der Auflösung von Arbeitsgruppen nur auf sich selbst und ihre Einzelkarriere verlassen können. Zwar bestehen hier Unterschiede je nach Art der Forschungsteams – eher lose Arbeitsgruppe mit einer Ansammlung aus Einzelarbeiten oder stark verzahntes Drittmittelprojekt. Übergreifend können wir aber feststellen, dass das Klima der Konkurrenz, das das heutige Wissenschaftssystem beherrscht, auch vor der Tür der Teams nicht haltmacht (siehe den vorausgegangenen Beitrag von Graf, Reißner und Schmid in diesem Band).

In diesem Klima der Konkurrenz wird die Vereinbarkeit von Beruf und Familie automatisch als hemmend für die Erbringung der Leistungskriterien konnotiert. Somit hebeln sich die Leitbilder Vereinbarkeit von Beruf und Familie und exzellente Wissenschaft spätestens auf Ebene der Teams aus, und Pflege- oder Familienaufgaben bleiben ein privates Problem.

Gleichzeitig wirkt bereits eine „vermutete" Vereinbarkeitsproblematik – und wie wir zeigen konnten, werden Frauen auch in der scheinbar so neutralen

---

4   Kommentar von Ellen Hilf, Sozialforschungsstelle Dortmund der TU Dortmund im Rahmen der Abschlusstagung des Projekts in Potsdam am 6. September 2012.

Wissenschaft automatisch mit Vereinbarkeitsproblemen konnotiert – bereits als Ausschlusskriterium und somit als Hemmschuh für eine Karriere in der Wissenschaft.

Wir konnten in unserer Analyse aber auch Gegentendenzen feststellen. So fanden wir in einigen Instituten Rekrutierungsverfahren, bei denen Familienzeiten anerkannt wurden. Auch von den Wissenschaftlerinnen und Wissenschaftlern werden Tendenzen einer Veränderung wahrgenommen:

> *„Das schwankt sehr. Ich kann jetzt nicht behaupten, dass unser Direktor sich tatsächlich intensiv für Gleichstellung einsetzen würde. Letztendlich bekommen immer die Jungs die guten Posten. Aber es ist auch klar, letztes Jahr hat der Präsident [...] sehr deutlich gesagt, dass [...] er dann die Quote hätte, und er würde massiv dafür eintreten, dass die Gleichstellung auch ein hartes Evaluationskriterium wird. Das ist schon angekommen im Haus. Das ist schon klar, dass man sich da irgendetwas einfallen lassen muss, um aus dieser doch eher schlechten Ausgangposition herauszukommen"* (P22.1).

Unser Ziel wäre es, ein Arbeitsumfeld zu schaffen, in dem Frauen und Männer gerne und gut arbeiten und forschen können. Um dieses zu erreichen, bedarf es unseres Erachtens einer Kombination unterschiedlicher Maßnahmen, die von personeller Sensibilisierung bis zur strukturellen Verankerung eines gemeinsamen Vereinbarkeitsleitbildes reichen. Die sich daraus ergebenden Handlungsempfehlungen finden sich gebündelt im Abschlussbeitrag dieses Buches.

Geschlechterdynamiken von Drittmittelkarrieren – Der Einfluss zunehmender Drittmittelfinanzierung auf die Interaktion in Forschungsteams

Patricia Graf / Judith Reißner

Mit dem Eintritt in die Wissensgesellschaft und der zunehmenden Ökonomisierung des Wissens hat sich auch in Deutschland die Forschungslandschaft gewandelt. Eine Veränderung ist der zunehmende Einfluss von Drittmittelförderung gegenüber der Grundfinanzierung von Wissenschaft. Dabei erwirtschaften Universitäten und Forschungseinrichtungen einen immer größeren Anteil ihres Etats durch wettbewerbliche Mittel von Unternehmen, Stiftungen, aber auch von der Deutschen Forschungsgemeinschaft und von Bund oder Ländern. Es sind damit „Quasimärkte" mit den Drittmittelgeberinnen und -gebern als „Nachfrager wissenschaftlicher Dienstleistungen" (Schubert und Schmoch 2010, S. 253) entstanden.

Die Finanzierung durch Drittmittel verläuft meist projektförmig, d.h. definierten Wissenspaketen wird für einen festgelegten Zeitraum ein Budget zugewiesen (Torka 2006, S. 63). Die Ausprägung dieser Strukturen variiert je nach Drittmittelgeberin bzw. -geber. Auch bestehen große Unterschiede zwischen anwendungsorientierter Forschung und Grundlagenforschung sowie zwischen unterschiedlichen Disziplinen. Aber alle Drittmittelprojekte sind durch die von Luhmann 1977 in seinen Aufsatz über die „Wissenschaft der Gesellschaft" beschriebene Konvertibilität von Wahrheit und Wissen in Geld gekennzeichnet (Luhmann 1977, S. 324). Die so zustande kommende befristete Kopplung von Themen und Ressourcen schreibt sich auch in die Berufsbiographien der Wissenschaftlerinnen und Wissenschaftler ein: Die „klassische Qualifikationskarriere" wird von einer „Projektkarriere" (Torka 2006, S. 64) überlagert.

Auch in den von uns untersuchten 25 außerhochschulischen Forschungsteams (genaue Beschreibung der Studie siehe Dautzenberg et al. in diesem Band)
bildet die Drittmittelförderung eine wichtige Strukturvariable. Zwar sind nicht
alle Teams drittmittelfinanziert: 28 % der Teammitglieder gaben an, über Drittmittel finanziert zu sein. Aber auch die über die Haushalte der Forschungseinrichtungen finanzierten Teammitglieder waren auf verschiedene Weise von der
Drittmittelförderung betroffen – 12,4 % der Teammitglieder erhielten über Drittmittel oder ein Stipendium eine Aufstockung einer halben Haushaltsstelle bzw.
eine Übergangfinanzierung zwischen zwei befristeten Stellen.

Der Einfluss der Drittmittelförderung auf die Ebene der Forschungsteams
und die Interaktion der Individuen in diesen Teams ist bislang in der Literatur
unterbelichtet. Bisher wurde das Instrument der Drittmittelförderung vor allem
nach Effektivitäts- und Effizienzkriterien beurteilt. Die Untersuchungen sind
meist in den Governancediskurs eingefasst. Dabei werden zum einen die positiven Steuerungseffekte betrachtet, etwa die Steigerung der Leistungsfähigkeit
durch den Wettbewerb um Drittmittel. Es wird aber auch den negativen Steue-
rungseffekten Rechnung getragen, etwa der Verstärkung bestehender Ungleich-
lagen zwischen den Disziplinen oder der exzessiven Fokussierung auf „im
Trend" liegende Forschungsthemen (Campbell 2001; Schubert und Schmoch
2010; Jansen et al. 2007). Auch die geschlechterdifferenten Effekte von Drittmittelförderung sind kaum erfasst. Analysen zu Frauenkarrieren werden meist unter
dem Aspekt der Prekarisierung von Wissenschaftlerinnen betrachtet (Metz-Göckel, Selent, und Schürmann 2010). In Beiträgen zum Zusammenhang zwischen
Geschlecht und Projektkarriere werden die mit der Drittmittelförderung verbundene Kurzfristigkeit der Verträge und das Klima des Wettbewerbs diskutiert.
Welchen Einfluss aber die immer stärkere drittmittelförmige Forschungsum-
gebung auf die Interaktion zwischen Individuum und Team ausübt, und welche
Geschlechtereffekte sich dabei zeigen, wird kaum diskutiert.

Genau diese Fragestellung wird im Folgenden Beitrag in den Vordergrund
gerückt. Zunächst werden anhand der Forschungsliteratur die Kriterien der Drittmittelförderung dargestellt. Anhand des qualitativen Materials aus den 25 interviewten Forschungsteams untersuchen wir dann, welche Rahmenbedingungen
sich aus diesen Kriterien für die Arbeit in Teams sowie für die individuellen
Wissenschaftskarrieren ergeben. In einem weiteren Schritt wird die Interaktion
zwischen Teammitgliedern unter Bedingungen der Drittmittelforschung betrachtet und untersucht, welche Geschlechterdynamiken dieser Interaktion inne-
wohnen.

1 Drittmittelfinanzierung in der außerhochschulischen Forschung – ein Literaturüberblick

Die Beschäftigung von Wissenschaftlerinnen und Wissenschaftlern über Drittmittel hat seit Ende der 1990er Jahre immer mehr zugenommen. In der deutschen außerhochschulischen Forschung ist das gesamte Volumen an Drittmitteln allein zwischen 2005 und 2011 um 64 % gewachsen (Gemeinsame Wissenschaftskonferenz 2012). Der Anteil am Gesamtbudget der außerhochschulischen Forschungseinrichtungen ist dabei von 31 % auf 36 % gestiegen. Sowohl beim Zuwachs als auch beim Ausmaß der Drittmittel bestehen aber große Unterschiede zwischen den außerhochschulischen Forschungseinrichtungen. Während bei den Instituten der Fraunhofer-Gesellschaft (FhG) nach wie vor der Anteil der Drittmittel am Gesamthaushalt am höchsten ist, ist er bei der Helmholtz-Gesellschaft (HGF) am stärksten gewachsen (Gemeinsame Wissenschaftskonferenz 2012).

Mit der Drittmittelfinanzierung werden meist konkrete Forschungsvorhaben auf einen festgelegten Zeitraum gefördert. Dies hat zu einer Zunahme der Teilzeitbeschäftigung in der Wissenschaft geführt. Durch die Beschäftigung in kurzen Drittmittelprojekten, so Kritiker, werde die Forschung zudem immer wieder unterbrochen:

> „Die Rahmenbedingungen für die wissenschaftliche Arbeit im Mittelbau der Universitäten wie der Fachhochschulen werden zunehmend unsicher und unkalkulierbar. Die befristete Beschäftigung ist der Normalzustand, wobei eine diskontinuierliche Beschäftigung vor allem für Drittmittelbeschäftigte gilt" (Metz-Göckel, Selent, und Schürmann 2010, S. 30).

Tabelle 1: Entwicklung der Drittmittel in außerhochschulischen Forschungseinrichtungen. Quelle: Gemeinsame Wissenschaftskonferenz 2012

	Zuwachs an Drittmitteln zwischen 2005 und 2011 in %	Anteile der Drittmittel an der Grundfinanzierung in %	
		2005	2011
FhG	60	64	70
HGF	85	23	30
MPG	32	17	16
WGL	64	23	28
Gesamt	60	31	36

Laut Metz-Göckel, Selent und Schürman (2010, S. 30) sind vor allem Wissen-schaftler*innen* zunehmend über Drittmittel beschäftigt. Damit nehme deren Anteil in deutschen Hochschulen und Forschungseinrichtungen zwar zu, ihre Beschäftigungssituation sei aber meist prekär.

Campbell sieht ein wichtiges Kriterium, nach dem Drittmittel ausgestaltet werden, in der Stärkung der „Eigenrationalität" des Wissenschaftssystems. Diese Eigenrationalität bestehe in der „Qualität und Effektivität von universitärer Forschung", die durch Drittmittel noch erhöht werde (Campbell 2001, S. 433). In der Eigenrationalität der Hochschulen sei Forschung dann effektiv, wenn sie sich durch „Qualität, Effizienz, Relevanz und Langfristigkeit" auszeichne (Campbell 2001, S. 433). Campbell führt die Faktoren weiter aus:

> „Qualität betont etwa den Neuigkeitswert und die Innovativität universitärer Forschung. Effizienz vergleicht Forschungs-Input mit Forschungs-Output. Relevanz bezieht sich auf die Bedeutsamkeit sowie das Anwendungspotential von Forschung. Langfristigkeit prüft, inwieweit ausgearbeitete Pläne und Programme für Forschung vorliegen, und inwieweit Soll/Ist-Vergleiche möglich sind" (Campbell 2001, S. 433).

Qualität und Effektivität der Forschung werden meist durch Output-Faktoren gemessen, etwa die Zahl der Publikationen in Fachzeitschriften mit Peer-Review und hohem Impact-Faktor, die Zitationshäufigkeit von Publikationen, sowie Patente und Innovationsleistungen. Aber auch „Reputation, wie Preisverleihungen oder die Häufigkeit der Einbindung in internationale Projekte" sind wichtige Output-Indikatoren (Bozeman und Melkers 1993; Hornborstel 1997).

Zusammenfassend lässt sich die „Eigenrationalität" des Wissenschafts-systems im Sinne Campbells in möglichst sichtbaren Publikationen, Reputation, Patenten, Internationalen Netzwerken sowie dem sozialen Einfluss der Forschung operationalisieren. Drittmittel verstärken diese Eigenrationalität, indem zu fördernde Projekte entlang der genannten Faktoren von Expertinnen und Experten, also der wissenschaftlichen Community selbst, begutachtet werden. Damit wird bereits vor Erbringung der Forschungsinhalte die Güte des Forschungsvorhabens bewertet (Hornborstel 1997). Auf die Frage, wie sich diese in der Systemtheorie sowie der Governancedebatte verankerten Kriterien auf den Forschungsalltag von Teams auswirken, äußert Schubert lediglich:

> „Auch für die einzelnen Forschungsgruppen hat sich die Finanzierungssituation erheblich verändert. Denn mit den ansteigenden Drittmittelanteilen an der Forschungsfinanzierung und der leistungsgebundenen Grundmittelfinanzierung hat hier die

wettbewerbliche Orientierung ganz stark zugekommen" (Schubert und Schmoch 2010, S. 251).

Welche Auswirkungen diese Änderung der Finanzierungssituation für die Akteurinnen und Akteure in den außerhochschulischen Forschungsteams mit sich bringt, wollen wir im Folgenden genauer betrachten.

2 Drittmittel als Element der Wissenschaftssteuerung

Wie unsere Untersuchungen bestätigen, beeinflusst die Drittmittelfinanzierung zunehmend die Wissenschaftssteuerung der außerhochschulischen Forschungseinrichtungen. Bereits unsere Untersuchung in den Dachgesellschaften (Graf und Schmid 2011) hat gezeigt, dass die Fähigkeit, Drittmittel einzuwerben, zunehmend ein Kriterium bei der Personalauswahl ist. Anhand unserer Interviews mit Mitarbeitenden konnten wir untersuchen, wie sich dieses Kriterium auf der Ebene der Teams auswirkt. So wurde die Fähigkeit zur Akquise als wichtiges Berufungskriterium genannt:

„Das gehört rein, dass man innerhalb von sechs Jahren in der Lage ist, zwei Drittmittelprojekte zu akquirieren, beziehungsweise dass man zwei Anträge gestellt hat und einer davon erfolgreich sein kann, und dass man auch in der Lage ist, innerhalb von sechs Jahren ein Projekt erfolgreich zu leiten. Man muss es nicht unbedingt akquiriert haben, aber man überträgt dem Mitarbeiter die Leitung des Projektes, und dann muss er in der Lage sein, das selbstständig durchzuführen. Dann ist gewünscht, dass innerhalb von sechs Jahren mindestens ein Artikel in einer internationalen Zeitschrift erscheinen muss. Wenn es Doktoranden sind, dann müssen sie in dem Zeitraum, der vereinbart ist, innerhalb von drei Jahren ihre Dissertation schaffen, und solche Dinge sind das" (P21.1).

Die Drittmitteleinwerbung ist ein wichtiges Leistungskriterium:

„[...] ich habe eine klare Ansage, dass ich mich um mein eigenes Geld auch kümmern soll. Was ja auch immer so ein Berufungskriterium ist, dass man eben auch Geld organisieren kann" (P9.1).

Wie bereits bei den oben dargestellten Kriterien zur Eigenrationalität von Wissenschaft erwähnt, ist die Wissenschaft ein kompetitives Arbeitsumfeld. Diese Effekte werden durch die mit Drittmitteln verbundenen Praktiken verstärkt. So wurden in einem von uns befragten Team Verträge mit kürzerer Befristung als durch das Projektbudget nötig vergeben, um die Konkurrenz und Leistungsbereitschaft unter den Teammitgliedern zu steigern (P17.10).

Aber weshalb setzen auch außerhalb der drittmittelabhängigen Fraunhofer-Gesellschaft Institutsleitungen, Abteilungsleitungen wie auch Teamleitungen starke Anreize zur Einwerbung von Drittmitteln bei ihren Mitarbeiterinnen und Mitarbeitern ein? Schließlich machen Drittmittel doch durchschnittlich weniger als ein Drittel des Haushalts der außerhochschulischen Forschung aus? Bereits in unserer ersten Studie zu den Dachgesellschaften der Forschungseinrichtungen (Graf und Schmid 2011) konnten wir zeigen, dass Drittmittel ein wichtiges Kriterium von Evaluationen sind, denen sich die außerhochschulischen Forschungseinrichtungen unterziehen. Von diesen Evaluationen hängt letztlich auch die Grundfinanzierung der Einrichtungen ab. Auf Ebene der Teams zeigte sich, dass durch die Evaluation der Drittmittelstärke ein Druck zur ständigen Akquise immer neuer Projekte ausgeübt wird. Dieser Akquise-Druck geht aber auf Kosten der individuellen Leistung und des eigenen wissenschaftlichen Vorankommens.

„Man muss dann selbst die Anträge für die Finanzierung schreiben, und dann ist es häufig so, dass man gar nicht zum Forschen kommt, sondern nur immer Anträge schreiben muss, und das ist halt der Nachteil" (P6.3).

Damit wird jedoch das von Campbell eingeforderte Kriterium der Langfristigkeit untergraben. So zeichnet sich in unseren Interviews aufgrund des Zwangs zur Drittmitteleinwerbung, den viele Wissenschaftlerinnen und Wissenschaftler verspüren, eine Tendenz ab, Projekte schlechter und kurzfristiger zu planen. Ein Teammitglied sprach in diesem Zusammenhang von einem *„Minusgeschäft"* (P21.8). Dieses Minusgeschäft ist der Planung von Drittmittelprojekten unter den vorgesehenen Optimalbedingungen geschuldet. Forschung zeichnet sich aber durch ihre Non-Linearität ab – nicht alle Versuche gelingen wie geplant, auch personeller Ausfall und Wechsel sind im dynamischen Arbeitsfeld Wissenschaft an der Tagesordnung. Im Steuerungssystem der Drittmittelforschung werden diese Fälle durch unsere Interviewten aber als Störungen im Ablauf beschrieben, die nicht einkalkuliert werden können. Die Mehrarbeit, die dennoch entsteht, muss unentgeltlich von den Teammitgliedern aufgefangen werden.

„Das ist im Prinzip dieser Druck, dass am Ende die Finanzen stimmen müssen. Man muss Projekte ja immer im Vorfeld kalkulieren, und oftmals, da ja auch von außen der Druck ist, die Leute wollen wenig bezahlen, man kennt das ja auch privat, dass man das dann immer so knapp strickt, dass man am Ende mehr Arbeit hat, als man an Einnahmen hat. Bei uns ist das so, dass wir viel Routine haben, und wenn mal irgendetwas schief läuft, dass die Geräte nicht funktionieren oder was, das müssen wir dann quasi ist das dann mein Hobby, das dann wieder in Gang zu bringen. In

dem Moment bekomme ich ja kein Geld. Und ich muss daran arbeiten und kann in der Zeit auch nichts anderes machen. Das ist dann schwierig" (P1.6).

Die im Vorangegangenen dargestellten Kriterien der Drittmittelfinanzierung werden je nach Drittmittelgeberin und -geber sehr unterschiedlich ausgestaltet, wie wir im Folgenden näher beleuchten wollen.

3 Das „Drittmittelsystem" – Anforderungen an die Forschungsprojekte

In den Interviews erwies sich die Kurzfristigkeit der Verträge als einer der Hauptpunkte in der Diskussion um Drittmittel. Positive Bewertungen von Befristungen durch die Wissenschaftlerinnen und Wissenschaftlern zielen auf die Leistungssteigerung durch Drittmittel ab.

> *„All of the postdocs already at the moment when they start here, they heard this from me, that they are getting two-year contracts, not because I wouldn't be able to give them longer, but because I want them to try to get in these two years a first paper, and I want them to really to try to write an application for a fellowship in these two years, because it's important for their careers, not because they need the money"* (P17.10).

Konkurrenz und Leistungsdruck werden aber nicht nur positiv beurteilt. Es wird so auch Unsicherheit erzeugt, nötige Erholungszeiten werden nicht genommen, aus Angst, als nicht mehr „drittmittelfähig" zu gelten und keinen neuen Vertrag zu erhalten:

> *„Also gut, das Problem ist ja immer die Befristung. Wenn es dann über die Befristung drüber ist, und man ist krank, dann wäre ich nicht mehr so sicher, ob man dann einen neuen Vertrag bekommt. Das weiß ich nicht, es hängt an der Befristung. Und bei [unserem Arbeitgeber] gibt es keine Entfristungen mehr, um keine Beamtenmentalität zu erzeugen. Es ist schon menschenverachtend"* (P22.2).

Die Kritik trifft sowohl die Seite der Drittmittelnehmenden – die Institute und Teamleitungen, die sich der Marktlogik angepasst haben und scheinbar schwache „Anbieterinnen und Anbieter" aussortieren. Es wird aber auch die Seite der Drittmittelgebenden kritisiert, die für Abweichungen vom Projektplan oder Arbeitsausfälle keine extra Mittel oder längeren Fristen einräumen.

In der Institutspraxis wird der Arbeitsausfall sehr individuell aufgefangen. Das Team wird in den Interviews als *„Verschiebebahnhof"* (P6.1) beschrieben, bei kongruenten Projekten übernehmen Teammitglieder gegenseitig Arbeitspakete. Ob bei einem Arbeitsausfall eine offizielle Vertretung eingestellt wird, hängt stark von der Planungskompetenz sowie dem Willen der Leitungspersonen und dem Institut ab: *„Aber es muss auch vom Institut genehmigt werden, dass man die Gelder auch umschichten kann"* (P6.3). Dies zeigt sich vor allem beim Thema Vereinbarkeit von Beruf und Familie.

> *„Ja, hier im Institut ist man sehr familienfreundlich, und natürlich, dann gehen die Leute in den Mutterschutz, aber das ist hypothetisch, ich weiß nicht, was wir in unserem Projekt gemacht hätten, wenn wirklich jemand deswegen ausfällt"* (P23.8).

Wie wir in dem vorangegangenen Beitrag zum Mehrebenensystem der außerhochschulischen Forschung zeigen, steht einem generellen Willen der Forschungseinrichtungen, Vereinbarkeit von Beruf und Familie durchzusetzen, die Beobachtung gegenüber, dass in den Forschungsteams keine personelle Vertretung gesucht wird; arbeitsrechtliche Regelungen kommen nur in Ausnahmefällen zur Anwendung. Steigen Teammitglieder dennoch aus, kann dies für Konflikte im Team sorgen und die Chancen der ausgestiegenen Person für den Wiedereinstieg im selben Team erschweren.

Teamkonflikte ergeben sich aber auch aus der oft ungleichen Stellenstruktur in Drittmittelprojekten. So sehen einige Drittmittelgeberinnen und -geber ungleiche Rahmenbedingungen vor und vergeben innerhalb eines Projekts Stipendien und Stellen bzw. halbe und ganze Stellen, Stellen mit unterschiedlichen Laufzeiten, etc., dies bei gleicher Qualifikation. Wer ein Stipendium hat, muss sich jedoch selbst sozialversichern.

> *„Ja und bei mir ist es halt ein Stipendium. Wobei, ich hätte auch lieber einen Vertrag als ein Stipendium, aber gut. Das hier ist, glaube ich, die neue Politik"* (P12.2).

Teilweise liegt es aber auch im Ermessen der Institute, ob sie Stellen oder Stipendien vergeben. Gerade bei internationalen Kooperationsprojekten wird letztere Möglichkeit gerne ergriffen.

> *„Wenn es dann um die Finanzen geht, dann wird eben doch wieder knallhart gerechnet, und dann werden eben Stipendien vergeben statt Arbeitsverträge, und die Leute werden in ihren Ländern gelassen, weil das billiger ist"* (P23.8).

Konflikte zwischen Teamleitung und Teammitgliedern bestehen auch aufgrund der Unsicherheit bei der Projektakquise. Durch das immer höhere Aufkommen an Drittmittelanträgen sind die Drittmittelgeber überlastet, und es kommt zu langen Wartezeiten bei der Projektgenehmigung. Auf der Ebene der Teammitglieder bedeutet dies, dass Entscheidungen über die Verlängerung von Verträgen durch

Folgeprojekte oft verschoben werden müssen bzw. nur sehr kurzfristig getroffen werden können. „Es hat dann immer doch geklappt, dass es weiterging, aber immer so kurz vor Toresschluss. Das finde ich ein nicht so soziales Umgehen" (P24.3). Auch die Teamleitungen selbst sind dabei dem Risiko unsicherer Verträge ausgesetzt. In einigen Teams führt dieses Risiko zu Konstellationen, in denen die Teamleitung, die den Antrag gestellt hat, bereits in einer neuen Beschäftigung an einem anderen Institut ist, bis der Antrag genehmigt wird. Diese Konstellationen gehen zu Lasten des Teams, so müssen etwa neueingestellte Mitarbeiterinnen und Mitarbeiter Abschlussberichte für Projekte erstellen, in denen sie nie gearbeitet haben (P16.3).

Anforderungen der Drittmittelgebenden wirken sich auch auf die Machtstruktur im Team aus. Dies geschieht bereits bei der Antragstellung. So muss bei einigen Drittmittelausschreibungen die Antragstellung explizit durch eine Professorin bzw. einen Professor erfolgen, de facto wird aber der Antrag und später auch das Projekt hauptsächlich oder sogar ausschließlich auf Ebene wissenschaftlicher Mitarbeiterinnen und Mitarbeiter ausgeführt:

> *„Das fängt ja schon damit an, dass nur die Professoren beantragen können und dann aber die Nachwuchswissenschaftler die Ausführung machen müssen. Schon dann gibt es hier im Haus zwei Leute, die praktisch Leitungsfunktion haben und das unter Umständen unterschiedlich auslegen"* (P23.8).

Problematisch bei diesen Konstruktionen ist, dass weder im Team noch nach außen die Zuständigkeiten völlig klar sind. Teammitglieder berichteten, dass sie teilweise längere Zeit brauchten, um die Teamstrukturen mit ihren informellen Leitungsebenen zu durchschauen. Hier findet sich auch ein Einfluss der Variable *Geschlecht*: Autoritätsprobleme der informellen Teamleitung konnten wir dann beobachten, wenn diese weiblich war und auf der gleichen Qualifikationsstufe wie die übrigen Postdocs des Projektes stand.

Hierarchisierungen lassen sich auch in internationalen Kooperationen beobachten. Internationalität der Projekte ist eine häufige Voraussetzung für die Drittmittelvergabe, die jedoch nicht nur unkritisch gesehen wird:

> *„Ich glaube diese internationalen Kooperationsprojekte, dass die so ein bisschen eine Augenwischerei sind, dass die Vorgaben machen, die auf dem Papier toll aussehen, dann aber zu Strukturen führen, die zwangsläufig Spannungen enthalten"* (P23.8).

Durch die Festbindung in ein Drittmittelprojekt entstehen Schicksalsgemeinschaften, die auch nicht einfach aufgekündigt werden können, wenn die Zusammenarbeit nicht klappt. Da die Arbeitsbeziehungen jedoch in kürzester Zeit auf hohem Niveau aufgebaut werden müssen, sind Spannungen oft vorprogrammiert.

> *„Dieser Sinn und Unsinn von internationalen Kooperationen, die unter solchen Zwängen stattfinden, dass eben relativ wenig Zeit ist, relativ wenig Geld, und dabei sind wir noch privilegiert. Aber, dass es so diesen Zwang gibt, in kurzer Zeit in kurzen Treffen eine Arbeitsbeziehung aufzubauen. Ein Fundament für eine richtig gute Arbeitsbeziehung aufzubauen, wenn trotzdem die Rahmenbedingungen ungleich sind, und dann zu versuchen, im Team Gleichheit zu schaffen, das ist so eine Quadratur des Kreises. Egal wie viel man macht, bestimmte Negativeffekte kann man einfach nicht auffangen, und die verstärken sich dadurch unbewusst"* (P23.8).

Von Seiten der Drittmittelgebenden werden oft auch präzise Anforderungen zur Personalstruktur transportiert. So wird beispielsweise genau festgelegt, in welcher Qualifikationsphase die Mitarbeiterinnen und Mitarbeiter sich befinden sollen bzw. welche Ländererfahrung sie mitbringen sollen:

> *„Ich finde es manchmal schwierig mit den Angestellten. Jetzt habe ich ein Projekt, die dürfen nicht aus [Land x] kommen, und sie dürfen nicht [vor] kurze[r] Zeit ihr Diplom erst gemacht haben, wenn das zu lange her ist, dann darf man sie auch nicht anstellen. [...] Man sieht seine Leute und hätte eine Stelle und kann die nicht anstellen. Man hat Einschränkungen von solchen formalen Regeln. Vor allem die von der EU sind teilweise abstrus"* (P5.2).

4 Auswirkungen auf die Interaktion im Team

Wie wirken sich die soeben genannten Anforderungen auf die Zusammenarbeit im Team aus? Das Spektrum schwankt hier zwischen der Wahrnehmung des Teams als Hort der Solidarität einerseits und als Austragungsplatz von Konkurrenzen andererseits. Zum einen funktioniert das Team als Netzwerk, in dem Projekte eingeworben werden können, so dass die Finanzierung aller sicher ist. Übergangszeiten zwischen Projekten können durch die Mitarbeit in anderen Projekten überbrückt werden. Der Zwang zur Drittmittelakquise führt aber auch zur Angst vor Trittbrettfahrenden, die keine Projekte einwerben und dennoch in von anderen eingeworbenen Projekten eine Anstellung finden.

> *„Das ist eine Entscheidung von [Frau X] gewesen. Und wenn ich es böse sagen würde, dann würde ich vermuten, sie hat sie in das Projekt abgeschoben, weil sie sie loswerden wollte. Sie muss finanziert werden, und [Frau Y] ist ein Mensch, der eine Drittmittelstelle hat, die sie nicht selbst finanziert hatte. Das heißt, sie musste halt in irgendein Projekt reingesteckt werden"* (P21.8).

In unseren Interviews konnten wir die Zuweisung von Stereotypen beobachten. In der Rollenverteilung im Team kommt den Wissenschaftlerinnen und Wissenschaftlern, die entweder besonders lange im Institut/Team arbeiten oder aufgrund ihres Alters Seniorität erlangt haben, die Rolle der Drittmittelakquise zu (P21.3). Erfüllen sie diese Rolle aus verschieden Gründen nicht oder nur in geringem Maße, erfahren sie Abwertung, bzw. es wird ihnen die Rolle der Trittbrettfahrenden zugewiesen.

> *„[D]as ist schon so, dass die Direktorin um die Probleme bei uns weiß, die sieht ja, dass die [älteren Kolleginnen und Kollegen] kaum Drittmittelprojekte akquirieren, und dass das total problematisch ist. Das geht natürlich auch zu unseren Lasten"* (P21.3).

Unsere Untersuchung des quantifizierten Interviewmaterials zeigt zudem, dass gerade die älteren Mitarbeiterinnen und Mitarbeiter zwar viel Erfahrung in das Team einbringen, aber auch signifikant weniger Präsenz zeigen. So nahm bei unserer Untersuchungseinheit mit steigendem Alter die Zahl der geleisteten Überstunden ab. Gleichzeitig zeigen die quantifizierten Daten, dass bei den Teammitgliedern mit wachsendem Alter die Unterstützung durch das Team an Bedeutung gewinnt. In einer konkurrenten Arbeitssituation kann dies zu Abwertung älterer Teammitglieder führen, wie auch die oben dargestellte qualitative Auswertung zeigt.

Konkurrenz ergibt sich auch bei Übergängen zwischen Drittmittelprojekten. Oft schließen diese nicht nahtlos aneinander an, und es muss eine Übergangsfinanzierung durch ein anderes Projekt gefunden werden. Wie die qualitative Auswertung zeigt, können aber aufgrund begrenzter Stellen nicht alle Teammitglieder in den Genuss der Übergangsfinanzierung kommen:

> *„Es sind viele in ähnlichen Situationen, und so viele Stellen gibt es nicht, natürlich sind wir auch Konkurrenten"* (P6.4).

Dabei kann von einem patriarchalischen Führungsstil gesprochen werden, bei dem die Leitungspersonen die Rolle von Gatekeepern einnehmen. Im Gegenzug für erbrachte Leistungen werden Übergangsfinanzierungen durch Drittmittelprojekte ermöglicht (P6.3). Diese Praxis der Übergangsfinanzierung hat aber wiederum Auswirkungen auf der Teamebene. So bleibt die Vergabe der Finanzierung oft intransparent für die anderen Teammitglieder (P6.5). Regelungen wirken willkürlich und sorgen für Konkurrenz im Team:

> *„Es gibt natürlich schon so Äußerungen untereinander, dass dann irgendwer meint, warum eigentlich einer eine Dauerstelle hätte und der andere nicht, und dass man*

doch vielleicht selber die bessere Leistung bringt oder was auch immer. So etwas gibt es schon" (P18.5).

In den Teams wird somit die dem Wissenschaftssystem inhärente Konkurrenz noch verstärkt. Dadurch wird der Austausch von Informationen und Ideen, der die Basis von Innovationsprozessen darstellt, unterbunden.

„Das wissen Sie, und das beschäftigt uns alle, die Wissenschaft wird kapitalisiert. Jeden Monat mehr, und das ist natürlich eine Katastrophe für freie wissenschaftliche Kreativität. Das ist das Dilemma, mit dem alle zu tun haben. Das wird auch von der Institutsleitung gesehen" (P21.10).

Die begrenzte Zeitstruktur von Drittmittelprojekten beeinflusst auch die Teamarbeit. Oft herrscht im Team ein hoher personeller Durchlauf. Für viele Wissenschaftlerinnen und Wissenschaftler sind Drittmittelprojekte die Durchgangsstation zu neuen Projekten bzw. Stellen. Dies bewirkt einen Mangel an Kontinuität, der der Identifikation mit dem Team entgegenwirkt.

„Aber wie gesagt, man hat auch einen hohen Durchsatz. Mit den Ersten habe ich mich auch sehr gut verstanden, und da war ich wirklich traurig, als die weg waren. Aber inzwischen habe ich mich daran gewöhnt. Jetzt weiß ich, wenn die weg sind, kommen wieder Neue, und das geht alles immer weiter, und die Leute kommen und gehen" (P9.6).

Die im Vorausgegangenen genannten Steuerungseffekte und Interaktionen im Team, die, wie wir zeigen konnten, stark von Konkurrenz und Diskontinuität geprägt sind, haben auch Auswirkungen auf die einzelnen Wissenschaftskarrieren. Im Folgenden betrachten wir, welche Chancen und Herausforderungen sich in Bezug auf die Karriereentwicklung ergeben und inwiefern sich dabei eine geschlechterdifferente Wirkungsweise entfaltet.

5 „Drittmittelkarrieren" – Auswirkungen auf die Wissenschaftlerinnen und Wissenschaftler in den Forschungsteams

Wie verschiedene Studien zeigen, haben sich durch die Forschungsförderung wissenschaftliche Laufbahnen wesentlich verändert (Leemann 2002, S. 135; Torka 2006).

„[Wissenschaftskarrieren] setzen sich zusammen aus phasenweisen Finanzierungen durch die Hochschule, Forschungsmitarbeiten in Drittmittelprojekten und Stipendien von in- und ausländischen Forschungsförderinstitutionen" (Leemann 2002, S. 135).

Durch diese „Befristungskultur" entstehen die eingangs genannten „Projektkarrieren" im Erwerbsleben von Wissenschaftlerinnen und Wissenschaftlern. Wie konkret die Arbeit im Team diesen Einfluss von Drittmittelförderung auf Wissenschaftskarrieren kanalisiert, wollen wir im Folgenden näher beleuchten.

Zunächst ist festzustellen, dass sich durch Drittmittelprojekte auch in der außerhochschulischen Forschung mehr Möglichkeiten für den akademischen Mittelbau eröffnet haben. Zum einen hat sich die Frequenz des Freiwerdens von Stellen erhöht. Zum anderen ist neben der Professur eine Vielzahl von Karrieren auf Projektbasis möglich. Die Arbeit in mehreren Drittmittelprojekten gleichzeitig ermöglicht eine solide Finanzbasis und wird als *„immer spannend und abwechslungsreich"* beschrieben. Dadurch lasse sich *„ein breites Spektrum an Erfahrungen"* erwerben (beide P24.4).

Demgegenüber steht die hohe Unsicherheit der sogenannten „Drittmittelkarrieren" (Torka 2006). Sie wird über alle Disziplinen und Projektzusammenhänge von Wissenschaftlerinnen und Wissenschaftlern am stärksten problematisiert. So berichtet eine interviewte Person auf die Frage, was sie von einer wissenschaftlichen Karriere abhalte:

> *„Dass es halt immer nur befristete Stellen gibt, das man keine Planungssicherheit hat. Dass man davon ausgehen kann, dass man alle drei Jahre umziehen muss. Und wenn nicht, dann muss man halt eine Professur haben, und mit einer Professur macht man ja keine Wissenschaft mehr, weil man ja letztendlich nur noch koordiniert und Anträge schreibt. Man steht nicht mehr im Labor und macht keine Experimente mehr"* (P8.2).

Der hohe Unsicherheitsfaktor wirkt sich vor allem auf die mangelnde Möglichkeit zur Familienplanung aus. So konnten wir über die Teams hinweg feststellen, dass mit anstehender Familienplanung das Bedürfnis nach Sicherheit wächst.

> *„Das hängt auch wirklich mit dieser Struktur zusammen, dass ich nicht Ewigkeiten auf befristeten Stellen sein will. Ich stelle mir auch so ein bisschen Familienplanung vor, einfach auch aus diesen Sicherheitsaspekten, dass ich denke, ich kann es mir nicht leisten, ein Kind zu bekommen, und ich habe Angst, wie soll ich mein Leben finanzieren"* (P21.7).

Dem steht gegenüber, dass Familie und Projektstruktur oft als nicht vereinbar bezeichnet werden.

> *„Eben gerade mit diesen Drittmittelprojekten ist das ja eigentlich sehr familienfeindlich. Das Geld ist da, und die Finanzierungen laufen aus, und heutzutage kann man sich etwas dämlicheres eigentlich nicht vorstellen. Aber ich meine okay, wenn dann Laufzeiten zu Ende sind, dann wollen die Projektträger die Sachen dann ein-*

fach abschließen, wo ich dann denke, das könnte man auch frauenfreundlicher gestalten" (P6.1).

Familienfeindlich ist die Drittmittelstruktur auch in Bezug auf die mangelnde Flexibilität der Mittel. Sind die Gelder erst einmal da, müssen sie auch ausgeschöpft und können nicht verschoben werden, wie folgendes Beispiel zeigt:

> *„[...] die Kollegin, die ich jetzt in der Schwangerschaftsvertretung vertrete, das ist Wahnsinn. Die kann jetzt nicht ihre volle Elternzeit nehmen, weil sie eben auch einen Fellowship bekommen hat und das nicht verschieben kann oder nur [drei] Monate verschieben. Das heißt, die wird mit dem [drei] Monate alten Baby dann nach [Portugal] gehen [...]"* (P23.8).

Personen, die erfolgreich Familie und Projektarbeit vereint haben, berichteten, dass sie dies durch eine gute Planung der Projektstruktur bereits in der Phase der Antragsstellung erreicht hätten. Die Lösung lag hier also im Bereich des persönlichen Managements. Die Institute sorgen nicht für personellen Ersatz in den Teams, wenn ein Mitglied ausfällt, sondern geben die Verantwortung an die Ebene der Teams ab. Das Team wird so gezwungenermaßen zu einer Solidargemeinschaft, die den Ausfall eines Mitglieds durch Mehrarbeit ausgleichen muss (P25.1).

In unserer Untersuchung zeigte sich, dass sowohl Wissenschaftlerinnen als auch Wissenschaftler die Perspektivlosigkeit, die schlechte Planbarkeit sowie die schlechte Vereinbarkeit von Beruf und Familie problematisieren und teilweise mit konkreten Ausstiegsgedanken verbinden.

> *„Aber ich könnte mir vorstellen, wenn man jetzt eine Familie hat, könnte ich mir auch einen Verwaltungsjob ganz gut vorstellen, obwohl ich nicht weiß, ob, wenn ich ihn habe, ich das wirklich gut finde"* (P20.5).

Die Institute und Abteilungen bemühen sich, diese Unsicherheit aufzufangen, indem sie versuchen, durch neue Drittmittelakquisen Mitarbeiterinnen und Mitarbeiter zu halten.

> *„Es ist ein bisschen schwierig, aber es wird schon so gesagt, dass über das halbe Jahr hinaus, es kommen ja immer wieder neue Projekte, und es ist schon irgendwo Ziel, die Mitarbeiter zu halten. Das sage ich jetzt mal vorsichtig. Insofern wird schon geguckt, ob man möglicherweise im Anschluss in ein anderes Projekt kommt"* (P18.6).

Ob man dabei berücksichtigt wird, hängt aber zum einen davon ab, ob man sich bewährt hat und sichtbar ist. Die daraus resultierende Anforderung an die eigene Sichtbarkeit wirkt sich vor allem auf weibliche Karriereverläufe negativ aus. Auf

die damit zusammenhängenden Geschlechterstereotypen und Ausgrenzungs-
mechanismen werden wir an späterer Stelle noch näher eingehen.
   Zum anderen wirken aber auch Faktoren der strategischen Institutsplanung
ein, etwa ob die eigene Arbeitsgruppe weitergeführt werden soll.

> *„Aber ich habe nichts Konkretes, weil es dann nicht in dieser Fachgruppe sein wird,*
> *weil es in der Fachgruppe [X] kein Projekt mehr geben wird, und das ist dadurch*
> *etwas schwieriger"* (P18.6).

Die oben beschriebenen Dynamiken in Drittmittelprojekten beeinflussen auch
die Beziehung der Mitarbeiterinnen und Mitarbeitern zum Institut. Gerade in den
grundlagenorientierten Forschungseinrichtungen fühlen sich Angestellte in Drittmittelprojekten gegenüber jenen auf Haushaltsstellen benachteiligt, als „Zweit-
klassenbürger" (P23.8), denen bestimmte Privilegien, etwa die Anschlussfinan-
zierung nach der Elternzeit, verwehrt werden. Dieses Gefühl der Benachteiligung
führt dann zu einer generellen Abwertung des öffentlichen Arbeitgebers:

> *„Dass nur noch befristet eingestellt wird, und ich finde es ganz schlimm, dass der*
> *öffentliche Arbeitgeber einer der Vorreiter von dieser Sache ist. Für mich ist der*
> *öffentliche Arbeitgeber, und dazu zähle ich die [x]-Gesellschaft genauso wie alle an-*
> *deren Forschungseinrichtungen, die vom Bund und vom Land bezahlt werden, als*
> *Arbeitgeber völlig unattraktiv geworden"* (P11.2).

Auch fanden wir mehrere Fälle, in denen die Tätigkeit in einem befristeten Arbeitsverhältnis zu geringerer Bindung und Identifikation mit dem Institut führte:

> *„Also beim Institut muss ich sagen, ist mein Interesse recht begrenzt. Ich gehe auch*
> *nicht auf Institutssitzungen. Es ist auch eine klare Folge der Drei-Jahres-Entwick-*
> *lung. Wenn ich weiß, ich wäre hier zehn Jahre, dann würde ich mich natürlich auch*
> *anders verhalten. Aber wenn ich weiß, ich bin für drei Jahre hier, dann natürlich*
> *nicht"* (P21.8).

Dies mag auch der Tatsache geschuldet sein, dass die Institute die Steuerungseffekte der Konkurrenz und der ständigen Bewährung noch verstärken. So wird
in manchen Instituten die Einstellung im Rahmen eines Drittmittelprojekts auch
dann als Belohnung gehandhabt, wenn man das Projekt mit eingeworben hat.
Selbst Wissenschaftlerinnen und Wissenschaftler, die maßgeblich an den Anträgen mitgeschrieben hatten, berichteten, sich nochmals durch besonders gute
Leistungen auszeichnen zu müssen, um die Stelle auch zu erhalten. In eine ähnliche Zielrichtung geht auch die Praxis von Personalverantwortlichen, Stellen mit
noch kürzerer Befristung zu vergeben, als im Antrag vorgesehen, um sich eine
Ausstiegsmöglichkeit aus dem Beschäftigungsverhältnis vorzubehalten. Jede

Verlängerung muss seitens der Wissenschaftlerinnen und Wissenschaftler durch die Einwerbung neuer Drittmittel erkauft werden.

> *„Im Vertrag steht nichts, aber mir wurde mal gesagt, dass es gern gesehen wird, wenn man eine Veröffentlichung pro Jahr hat, und der Institutsleiter hat mir gesagt, dass ich nach den zwei Jahren so viele Ergebnisse haben muss, dass man daraus einen Antrag schreiben und Drittmittel einwerben kann"* (P3.7).

Die Finanzierung über Drittmittel ist mit einem enormen Aufwand verbunden. Zum einen müssen meist mehrere Drittmittelanträge vorbereitet werden, damit einer erfolgreich ist. Zum anderen beginnt bereits nach der erfolgreichen Einwerbung eines Projektes die Vorbereitung des nächsten Antrags. Dieser Aufwand wird meist direkt von der Ebene der Abteilungs- und Arbeitsgruppenleitung an die Mitarbeiterinnen und Mitarbeiter weitergegeben. In mehreren Fällen erwähnten die Wissenschaftlerinnen und Wissenschaftler, dass das Schreiben von Anträgen sie vom Forschen abhalte. Auch steht die Arbeit in Drittmittelprojekten nicht immer in Synergie mit dem eigenen Qualifikationsprojekt. So wurde in mehreren Fällen berichtet, dass es ein ständiges Aushandeln sei, welche Inhalte in die Promotionsarbeit einfließen sollten und welche in das Projekt. In vielen Teams fanden wir auch Angestellte, deren Promotions- oder Forschungsthema in keiner Beziehung zum Projektthema stand. In diesem Fall sichert die Drittmittelarbeit zwar (zumindest vorrübergehend) den Verbleib in der Wissenschaft, aber nicht das eigene Vorankommen.

> *„Mir macht die Arbeit sehr viel Spaß. Prinzipiell steuer' ich die Promotion an. Das heißt, ich habe da keinen genauen Zeitplan, muss ich ganz ehrlich sagen. Klar, sobald wie möglich, aber mit zwei halben Stellen, die keine Doktorandenstellen sind, sondern wissenschaftliche Mitarbeiterstellen, ist es halt relativ schwierig, das auch nebenbei noch unterzukriegen. Also ich möchte gerne, auf jeden Fall, und wie es dann nach der Promotion weitergeht, das hängt ja auch so ein bisschen von den äußeren Umständen ab"* (P24.4).

Gerade diese äußeren Umstände sind aber oft nicht gegeben, denn es finden wenig strategische Planungsgespräche zwischen Mitarbeitenden und Personalverantwortlichen statt. Stattdessen finden sich Praktiken wie die kurzfristige Übergangsfinanzierung oder aber eine Individualisierung des Risikos. So berichtet die eben zitierte Person (P24.4), die betreuende Person habe ihr geraten, für die Zeit nach dem Projekt *„Geld zurückzulegen"*, um auf diese Art und Weise die Promotionsarbeit fertigschreiben zu können.

Wie bereits beschrieben, können die dargestellten Anforderungen und Steuerungsmechanismen in Drittmittelprojekten dazu führen, dass die Balance zwischen Teamerfolg und Individualerfolg zu Lasten der Karrieren von Wissenschaftlerinnen und Wissenschaftlern ausfällt. Diese sind mit extrem kurzen Verträgen, mit hoher Unsicherheit und mit Schwierigkeiten bei der Work-Life-Balance konfrontiert, was oft zu Erwägungen des Ausstiegs aus der Wissenschaft führt. Häufig sind die Betroffenen nicht auf die mangelnde Vereinbarkeit von Beruf und Familie in Drittmittelprojekten vorbereitet. Inwiefern sind die skizzierten Zusammenhänge durch geschlechtsspezifische Dynamiken gekennzeichnet?

6 Geschlechterdynamiken der Drittmittelkarrieren

Wissenschaftlerinnen sind zunehmend im Drittmittelbereich beschäftigt – auch unser Forschungsprojekt konnte diese eingangs zitierte Feststellung von Metz-Göckel, Selent und Schürmann (2010) bestätigen. Zwar ergaben die Daten unserer deutschlandweiten Onlinebefragung unter Wissenschaftlerinnen und Wissenschaftlern der außerhochschulischen Forschungseinrichtungen für die naturwissenschaftlichen Fächer (genaue Beschreibung der Studie siehe Dautzenberg et al. in diesem Band, Studie 3) keine Geschlechtereffekte für Promovierende (χ^2 (1, $N = 116$) = 0,39; $p = 0,33$; siehe Tabelle 2). Frauen und Männer werden auf dieser Qualifikationsstufe gleich häufig entweder über Haushaltsstellen oder Drittmittel beschäftigt. Auf der Ebene der Postdocs lässt sich jedoch ein signifikant höherer Anteil drittmittelfinanzierter Arbeitsverhältnisse für Frauen (χ^2 (1, $N = 214$) = 5,33; $p = 0,02$; siehe Tabelle 3) finden. Auch für die sich habilitierenden Mitarbeiterinnen zeigt sich ein Trend in diese Richtung (siehe Tabelle 4).

Wie können diese Trends zur zunehmenden Drittmittelbeschäftigung von Frauen erklärt werden? Betrachten wir zunächst den Übergang von Drittmittelprojekt zu Haushaltsstelle oder unbefristeter Stelle, so konnten wir auch in unserer Studie Fälle aufzeigen, in denen Wissenschaftlerinnen auf befristeten Drittmittelstellen verweilten, während männliche Kollegen, welche im Institut sichtbarer sind und als zeitlich besser verfügbar gelten, entfristet wurden. Wie bereits beschrieben, ist die eigene Sichtbarkeit ein wichtiges Kriterium, um in den Genuss von Chancen zu kommen. Dies zeigt sich vor allem beim Übergang von der Drittmittelfinanzierung auf eine unbefristete Haushaltsstelle.

Tabelle 2:   Verteilung von Männern und Frauen auf Drittmittel- bzw. Haushaltsstellen für Doktoranden, naturwissenschaftliche Fächer.

Anmerkungen: $N = 116$; χ^2 $(1, N = 116) = 0,39$; $p = 0,33$

		Männlich	Weiblich	Gesamt
Haushalt	N	22	21	43
	% innerhalb Geschlecht	20,4	34,4	
Drittmittel	N	33	40	73
	% innerhalb Geschlecht	34,6	38,4	
Gesamt	N	55	61	116

Tabelle 3:   Verteilung von Männern und Frauen auf Drittmittel- bzw. Haushaltsstellen für Postdocs, naturwissenschaftliche Fächer.

Anmerkungen: $N = 214$; χ^2 $(1, N = 214) = 5,33$; $p = 0,02$

		Männlich	Weiblich	Gesamt
Haushalt	N	65	55	120
	% innerhalb Geschlecht	64,4	48,7	
Drittmittel	N	36	58	94
	% innerhalb Geschlecht	44,4	49,6	
Gesamt	N	101	113	214

Tabelle 4:   Verteilung von Männern und Frauen auf Drittmittel- bzw. Haushaltsstellen für Habilitanden, naturwissenschaftliche Fächer.

Anmerkungen: $N = 44$; χ^2 $(1, N = 44) = 3,75$; $p = 0,06$

		Männlich	Weiblich	Gesamt
Haushalt	N	24	11	35
	% innerhalb Geschlecht	21,5	64,7	
Drittmittel	N	3	6	9
	% innerhalb Geschlecht	11,1	35,3	
Gesamt	N	27	17	44

Wie wir in vorherigen Studien zeigen konnten, sind auch in den außerhochschulischen Forschungseinrichtungen Geschlechtsstereotype am Wirken, die Frauen weniger sichtbar machen (Hüttges et al. 2011). In einem Institut wurde die Praxis, Männer bei der Entfristung zu bevorzugen, konkret von Wissenschaftlerinnen angesprochen:

Interviewte Person: „Oder wie vor zwei Jahren, wo es hier mehrere Entfristungen gab und es nur Männer waren."

Interviewerin: „Sind die unter der Hand weggegangen, oder musste man sich darauf bewerben?"

Interviewte Person: „Nein, hier gibt es kein Verfahren. An anderen Instituten gibt es ja etwas, wo man sich auf das Verfahren bewerben kann, und dann wird man evaluiert, aber das ist hier nicht. Man weiß es nicht, es hängt sehr vom Direktor ab, ob man auffällt oder nicht. Es sind eben tendenziell die Männer, die eben einfach auffallen."

Interviewerin: „Wie fällt man denn auf, durch was?"

Interviewte Person: „Durch eine hohe Anzahl Publikationen [...]."

Interviewerin: „Da zählen die Publikationen, aber zählt auch noch irgendetwas anderes?"

Interviewte Person: „Bestimmt auch Drittmitteleinwerbung. Ich habe mich noch nicht so richtig damit befasst, und es wäre mehr so das vage Gefühl [...]." (P6.5)

Eine weitere Wissenschaftlerin berichtet, dass es vor allem Frauen seien, die auf Drittmittelprojekte abgeschoben würden, während Männer die festen Haushaltsstellen bekämen bzw. diese anvisierten:

Interviewte Person: „Und die Koordinationsstellen, wenn wir bei diesem Geschlechterthema sind, die Koordinationsstellen sind Frauenstellen, und das ist ein Elend, und da werden Frauen auch gern hingesetzt, weil sie so ‚kommunikativ' sind und so ‚toll organisieren' können. Das würde ich eher sagen, sind die Stereotype, die damit verbunden werden. Letztes Jahr musste ich bei dieser elenden [...]-Konferenz sitzen. Da sitzen dann so drei Frauen da, und das war auch ganz klar gehandelt als Nachwuchsprojekt."

Interviewerin: „Was passiert mit den Männern auf dieser Ebene, wo werden die hingesetzt?"

Interviewte Person: „Ich glaube, die gibt es seltener. Es ist tatsächlich so, Koordinationsstellen, wenn sie ausgeschrieben werden, dann kommen da Frauen hin. Also in dieser drittmittelfinanzierten Projektkoordination."

Interviewerin: „Ziehen die Männer dann eher gleich Juniorprofessuren?

Interviewte Person: „Ja, und Nachwuchsgruppen ist auch noch ein gutes Sprungbrett. Ich glaube, die machen das nicht, also nicht die, die Karriere machen wollen." (P23.9)

Blicken wir auf die Ebene der Teams, so sehen wir das Zusammenwirken der Drittmittelstruktur mit geschlechtsspezifischen Zuschreibungen: In unserer Analyse konnten wir zeigen, dass in Drittmittelprojekten der Ausfall von Arbeitskräften, sei es durch Krankheit, Familien- oder Pflegezeit, nicht mitgedacht ist. Es sind aber gerade die Wissenschaftler*innen*, denen ein potentieller Ausfall sowie geringere zeitliche Verfügbarkeit nach wie vor zugeschrieben werden, wie wir in zwei qualitativen (Graf und Schmid 2011, Graf und Reißner, Vereinbarkeit, in diesem Band) und einer quantitativen Studie (Hüttges 2010) zeigen konnten. D.h. in Drittmittelprojekten stehen sie unter besonderem Leistungsdruck, werden schneller als Trittbrettfahrerinnen angesehen und müssen sich auch bei selbst eingeworbenen Drittmitteln durch besonders gute Leistungen darum bemühen, die von ihnen selbst initiierte Stelle auch besetzen zu dürfen.

Die beschriebenen Dynamiken bleiben nicht ohne Auswirkungen auf die Karriereplanungen der Wissenschaftlerinnen. Zwar hatten wir im Vorausgegangenen festgestellt, dass Unsicherheit, mangelnde Planbarkeit und Mehrfachbelastung zunächst potentiell *alle* Wissenschaftlerinnen und Wissenschaftler betreffen und Teammitglieder beider Geschlechter Gedanken äußerten, aus der Wissenschaft auszusteigen. Wir konnten hier jedoch ähnliche Beobachtungen wie Heike Kahlert (2012) in ihren Untersuchungen zu Wissenschaftskarrieren an Hochschulen machen: Gerade Wissenschaftler*innen* knüpfen ihre Ausstiegsgedanken an konkrete Meilensteine, etwa das Ende einer Qualifikationsphase oder das Auslaufen eines Vertrags: *„Wobei mein Abbruchmeilenstein auch nächstes Jahr ist, weil dann der Geldgeber den Geldhahn zudrehen kann"* (P6.5). Wissenschaftlerinnen finden also vermehrt im Drittmittelbereich eine Beschäftigung. Aufgrund eigener Ausstiegsgedanken oder geschlechtsstereotypen Zuweisungen stellt aber auch dieser Bereich kein Karrieresprungbrett dar.

7 Fazit

Eingangs wurde dargelegt, dass die Steuerung von Wissenschaft über die Vergabe von Drittmitteln auf die Verstärkung der dem Wissenschaftssystem inhärenten Steuerungsmechanismen abzielt. Bei einer näheren Betrachtung dieser Steuerungseffekte zeigt sich, dass diese Verstärkung der Steuerung sehr selektiv ist. Zwar werden Kriterien des Outputs, etwa exzellentes Publizieren, aber auch Input-Kriterien wie das Kriterium der Mobilität der Wissenschaftlerinnen und Wissenschaftler durch die Drittmittelstruktur gefördert. Andere Kriterien, etwa die Langfristigkeit von Wissenschaft, aber auch die Nachhaltigkeit, werden dagegen unterminiert. Auch zeigt sich, dass das Kriterium der Vereinbarkeit von Beruf und Familie durch die Drittmittelstruktur ausgehebelt wird – ein Leitbild, das zwar nicht in den Campbellschen Kriterien enthalten ist, aber wie wir zeigen konnten, in die Selbstbeschreibungen der Forschungsgesellschaften und Universitäten Einzug gehalten hat.

Ziel dieses Beitrags war es zu betrachten, wie sich die Drittmittelstruktur auf die Interaktion zwischen Team und individueller Karriere auswirkt. Auf der Ebene des Individuums konnten wir eine Mehrfachbelastung, eine wachsende Unsicherheit und eine fehlende Planbarkeit der Wissenschaftskarrieren ausmachen. Ein Drittmittelprojekt zum Abschluss bringen, den Antrag des nächsten schreiben, im dritten Projekt aushelfen und nebenbei die eigene Qualifikationsarbeit erstellen – dies ist Alltag vieler Wissenschaftlerinnen und Wissenschaftler. Diese Mehrfachbelastung und die Unsicherheit der eigenen Berufsbiographie führen dazu, dass viele von ihnen immer wieder den Ausstieg aus der Wissenschaft in Erwägung ziehen, wie folgendes Zitat zeigt:

> *„Weil das Tempo oder die Art, wie das deutsche Wissenschaftssystem strukturiert ist, und das Tempo, das gefordert wird, nicht mit meiner Art des wissenschaftlichen Arbeitens übereinstimmt. Vor allem dieser Publikationszwang, und weil ich halt auch sehe, alle diese Probleme, wie sich die Leute zerreißen, wie ich jetzt zwischen Projektkoordination und Promotion, und immer diese Unsicherheit, keine festen Verträge. Dann ist eine Schwangerschaftsvertretung das Beste, was am Horizont ist, und wie man immer zehn unterschiedliche Eisen im Feuer haben muss, damit eins sich verwirklicht, und wie viel Energie man darauf verschwendet, Anträge zu schreiben, sich zu bewerben für ein halbes Jahr und dann nach zwei Monaten schon wieder den nächsten Antrag schreibt. Also alle diese üblichen Probleme, aber ich habe es nicht aufgegeben. Ich muss jetzt erst mal die Dissertation fertigmachen, und dann sehe ich weiter"* (P23.8).

Wie wir an mehreren Stellen zeigen konnten, empfinden viele Wissenschaftlerinnen und Wissenschaftler diese Unsicherheit und Mehrfachbelastung als konträr zur eigenen Lebensplanung und zur Vereinbarkeit von Beruf und Familie. Vor allem Wissenschaftlerinnen ergreifen konkrete Maßnahmen und überlegen den Ausstieg aus der wissenschaftlichen Karriere. *„Also es ist Fluch und Segen zugleich würde ich sagen"* beschreibt eine Doktorandin ihre über Drittmittel finanzierte Stelle (P24.4). Nur wenigen Wissenschaftlerinnen gelingt es, den Teufelskreis zwischen „Fluch und Segen" des Drittmittelgeschäfts hinter sich zu lassen und in eine feste Stelle oder eine Führungsposition aufzusteigen.

Um die Karrierebedingungen von Wissenschaftlerinnen in Drittmittelprojekten zu verbessern, gilt es auf Seiten der Drittmittelgebenden, Arbeitsausfall, Abweichungen vom Arbeitsplan oder die Vereinbarkeit von Beruf und Familie mitzudenken und auch finanziell zu unterstützen. Auf Seiten der Drittmittelnehmenden müssen klare Richtlinien zur Vergabe von Chancen entwickelt und umgesetzt werden. So müssten beispielsweise Entfristungsverfahren oder Beförderungen auf transparenten Kriterien und Mechanismen beruhen, die für alle gleichermaßen gelten.

Teamkompetenzen für wissenschaftliche Forschungsteams – Konzeption und erste Evaluation eines Teamentwicklungstrainings mit Laufbahnbezug im Wissenschaftskontext

Annett Hüttges

1 Warum Teamentwicklungstrainings in der Wissenschaft?

In Universitäten und außerhochschulischen Forschungseinrichtungen ist aktuell ein rasant steigendes Angebot an didaktischer und außerfachlicher Professionalisierung bei Schlüsselqualifikationen zu beobachten. Neben einer strukturierten Promotionsausbildung fallen dabei vor allem individualisierte Unterstützungsangebote ins Auge. Beispielhaft sei an dieser Stelle verwiesen auf Mentoring-Initiativen, Führungskräfteentwicklung oder Karrierecoaching, häufig ausdrücklich an Frauen adressiert. Hingegen sind Angebote, die sich auf das Team als Katalysator wissenschaftlicher Karrieren von Frauen und Männern beziehen, noch Mangelware. Das ist verwunderlich, da individuelle wissenschaftliche Karrieren nicht ohne die tagtägliche Kooperation in Forschungsteams denkbar sind, beispielsweise beim gemeinsamen Planen neuer Forschungsanträge oder beim Publizieren. Empirische Befunde unseres Projektes legen zudem nahe, dass soziale Aspekte der Arbeit ein Faktor für die Suche nach einem Arbeitsplatz außerhalb der Forschung sein können (Hüttges und Fay in diesem Band). Es fehlen also bislang Unterstützungsangebote, die sich speziell an Forschungsteams und wissenschaftliche Arbeitsgruppen richten, um diese bei ihrer Zusammenarbeit im Team wirkungsvoll zu unterstützen. Das im Projekt konzipierte Teamentwicklungstraining „Teamkompetenzen für wissenschaftliche Forschungsteams" möchte diese Lücke schließen.

2 Rahmenkonzeption „Teamkompetenzen für wissenschaftliche Forschungsteams"

Ausgehend von der in diesem Buch vorgestellten Performanzformel (siehe Hüttges und Fay in diesem Band) wurde bei der Konzeption des Teamentwicklungstrainings „Teamkompetenzen für wissenschaftliche Forschungsteams" berücksichtigt, auf welchen Wegen ein Team alle Facetten der Performanzformel wirkungsvoll unterstützen kann. Dahinter stand die Prämisse, dass die Teamentwicklung letztlich dazu beitragen soll, das Miteinander im Team zukünftig reflektierter, chancengerechter und karriereorientierter zu gestalten:

* *Karrierekompetenzen und -wissen* soll über konstruktives Feedback an der Realität überprüft und erweitert werden. (Trainingsteil 1)
* *Karrieremotivation* soll über ein hohes Bewusstsein individueller Lern- und Entwicklungsziele gestärkt werden. (Trainingsteil 2)
* *Karrierechancen* sollen entdeckt und geschlechtersensibel verteilt werden. (Trainingsteil 3)

Insbesondere den Karrierechancen wurde eine hohe Bedeutung bei der Karriereentwicklung beigemessen, denn: Viele wissenschaftliche Leistungen, die den Erfolg einer Laufbahn maßgeblich (mit-)bestimmen, werden durch das Nutzen von *Chancen* oder günstigen Gelegenheiten erbracht. Beispielsweise schreiben Nachwuchswissenschaftlerinnen und -wissenschaftler ihre ersten wichtigen Publikationen nicht ausschließlich in Alleinautorinnen- bzw. Alleinautorschaft, sondern sind durch günstige Gelegenheiten Mitautorinnen und -autoren von Veröffentlichungen geworden, die in der Hauptverantwortung von anderen Personen geschrieben wurden. Solche Gelegenheiten füllen nicht nur die Publikationsliste, sondern stellen auch große Lernchancen dar. Damit stellt sich die Frage, wie solche Chancen und Gelegenheiten entstehen und ob sie, vor dem Hintergrund von Geschlechtsstereotypien, ungleich verteilt sind. Vorangegangene Analysen aus diesem Projekt werfen die Frage auf, ob die wichtigsten Chancen – Beteiligung an Publikationen und Drittmittelanträgen – geschlechtergerecht verteilt werden. Beispielsweise zeigte sich, dass diese beiden Chancen stark über die „zeitliche Verfügbarkeit" einer Person vergeben werden. Ausgerechnet diese wird Frauen abgesprochen (Hüttges, Graf, Schmid, und Fay 2011). Indem Teams ihre Handlungsstrategien bei karriererelevanten Aufgaben und Entscheidungssituationen auf den Prüfstand stellen und weitere Ideen für eine effektive Zusammenarbeit entwickeln, sollte insbesondere das geschlechtsbezogene Zuschreiben von Kompetenzen als Voraussetzung für geschlechterdifferenten Zugang zu Karrierechancen zurückgedrängt werden. Damit sollten sowohl Männer als auch Frauen, letztere im Besonderen, von einer solchen Maßnahme profitieren.

Ausgangspunkt der Teamentwicklung ist die systemische Vorstellung, dass ein Team ein eigenes handelndes System darstellt, in dem aufgrund der Anforderungsstruktur Kräfte zwischen den einzelnen Teammitgliedern, aber auch entlang der Kontaktstellen zur Gesamtorganisation, wirken. Diese Kräfte werden von den Teammitgliedern in der Regel als Widersprüche erlebt. Das wichtigste Kennzeichen von Teams ist ihr gemeinsames Ziel, zu dessen Erreichung die Teammitglieder aufeinander bezogen und in wechselseitiger Einflussnahme handeln (Mohrman, Cohen, und Mohrman 1995). Die Kooperation muss dabei nicht zwangsläufig durch ein gezieltes Ineinandergreifen der Handlungen erfolgen, auch der koordinierte Austausch von Informationen, Bewertungen und Meinungen, etwa beim kollektiven Planen, Problemlösen, Beurteilen und Entscheiden, ist (intellektuelle) Teamarbeit. Das bedeutet, dass auch Teams, die nur durch einen gemeinsamen Forschungsschwerpunkt als Klammer zusammengehalten werden, aber in denen die Teammitglieder unabhängig voneinander verschiedene Einzelprojekte bearbeiten, sozial interagieren. Im Verlauf der Zeit führen Normen, Regeln und „Selbstverständlichkeiten" dazu, dass sich individuelles Handeln im Team zu einem gewissen Grad standardisiert. Mit dieser Arbeitsdefinition von Teamarbeit (vgl. weiterführend z.B. Brodbeck 2007) wird klar, was ein gutes, effektives Team beschreibt: Es ermöglicht den einzelnen Teammitgliedern, beiden Aspekten dieser erlebten Widersprüchlichkeit zwischen individuellen und teambezogenen Interessen im Team nachzugehen, zum Beispiel trotz enger Zusammenarbeit an einem gemeinsamen Endprodukt auch mit eigenen Ideen individuell sichtbar zu werden. Das Team nimmt die wechselseitige Beeinflussung wahr und stellt einen wertschätzenden und konstruktiven Umgang miteinander sicher. Es macht sich schließlich bewusst, dass durch das Etablieren von Teamnormen und Regeln im Team in vielen Situationen Prozessgewinne möglich sind, dass aber auch die Gefahr von Prozessverlusten besteht, und sichert daher eine gute Entscheidungsqualität im Team.

Zu den Lehr- und Lernmethoden im Rahmen der auf 1,5 Tage konzipierten Teamentwicklung mit drei Trainingsteilen zu Karrierekompetenzen und -wissen, Karrieremotivation und Karrierechancen zählen Lehrgespräche und Reflexionen, Workshop-Methoden und Übungen sowie das Erlernen von Strategien kognitiver Verhaltensmodifikation und von Selbstmanagementtechniken. Das Teament-

wicklungstraining wurde im Rahmen des Projektes mit zehn vorwiegend naturwissenschaftlichen Teams außerhochschulischer Forschungseinrichtungen erprobt
und durch die Autorin dieses Beitrags als Trainerin angeleitet und evaluiert.

3 Teamunterstützung bei Karrierekompetenzen und -wissen

Der erste Teil der Teamentwicklung bezog sich auf *Karrierekompetenzen* und
-wissen von Wissenschaftlerinnen und Wissenschaftlern. Die Leitfragen dieses
Trainingsteils waren:

▪ Auf welche Kompetenzen und Ergebnisse kommt es in unserem Team an,
   wenn wir wissenschaftlich erfolgreich zusammen arbeiten wollen?
▪ Was sind meine wissenschaftlichen Stärken und Schwächen aus Sicht der
   anderen Teammitglieder?
▪ Wofür werde ich von Anderen im Team in der Zusammenarbeit geschätzt?

Dazu wurde zunächst ein gemeinsames *Leistungs-Anforderungsprofil* des Teams
erarbeitet. Es wurde im Einzelnen geklärt, was die möglichst konkreten karriererelevanten Arbeitsaufgaben und Arbeitsergebnisse des Teams sind (z.B. Drittmittelakquise in Euro pro Jahr, Publikationen pro Jahr) und welche fachlich-me-
thodischen, aber auch sozial-personalen Kompetenzen zur Erfüllung dieser Aufgaben erforderlich sind. Unsere Analysen zu Karrierewissen (Fay, Hüttges, und
Graf in diesem Band) haben gezeigt, dass der wissenschaftliche Nachwuchs über
die Leistungskriterien, die für eine erfolgreiche Laufbahn wichtig sind, gut informiert ist. Gleichzeitig besteht vielfach Unsicherheit im Hinblick auf die *Umsetzung*. Diese Unsicherheit kann sich auf Details beziehen (wie verhandelt man die
Reihenfolge der Autorinnen- bzw. Autorenschaft bei Publikationen), als auch
darauf, wie man die Leistungsziele vor dem Hintergrund der persönlichen Stärken und Schwächen umsetzen kann. Bei dem Versuch, sich selbst Chancen und
Gelegenheiten zum Aufbau der Leistungskriterien zu verschaffen, sind die Wissenschaftlerinnen und Wissenschaftler also stets mit der Frage konfrontiert: Was
kann ich? Wo und wie kann und will ich mich einbringen?

Ausgehend von diesem Leistungs-Anforderungsprofil beschäftigten sich die
teilnehmenden Wissenschaftlerinnen und Wissenschaftler weiterführend mit der
Feedback-Kultur in ihrem Team. Dahinter steht die Überlegung, dass eine wert-
schätzende und konstruktive Feedback-Kultur jedem einzelnen Teammitglied dabei hilft, seine eigenen wissenschaftlichen Kompetenzen realistischer einzuschät-

zen, Vertrauen zwischen den Teammitgliedern zu vertiefen und „blinde Flecken" in Bezug auf die eigenen Kompetenzen abzubauen. Als Strukturierungshilfe wurde dazu das „Johari-Fenster" (Luft 1969) herangezogen. Das „Johari-Fenster" ist ein Modell, das aus den Achsen der Selbstwahrnehmung und der Fremdwahrnehmung besteht, die sich jeweils in bekannte und unbekannte Aspekte unterteilen und daraus ein Vier-Felder-Schema bilden. Danach gibt es im Verhalten einer Person Bereiche, bei denen Übereinstimmung zwischen Fremd- und Selbstwahrnehmung besteht, als auch Bereiche, die der Fremdwahrnehmung zugänglich sind, aber nicht der Selbstwahrnehmung und umgekehrt. Im Laufe eines Feedbackprozesses im Team verändern sich Selbstwahrnehmung und Fremdwahrnehmung: Der öffentliche Bereich des freien und unbeeinträchtigten Handelns mit Informationen über Verhalten und Motivationen, der sowohl für die Person selbst als auch für andere Teammitglieder gut wahrnehmbar ist, wird über Feedback vergrößert. Dazu kann einerseits der „blinde Fleck" der Selbstwahrnehmung abgebaut werden, das heißt der Teil des Verhaltens, der für andere in der Fremdwahrnehmung deutlich sichtbar und erkennbar ist, den die Person selbst hingegen nur wenig wahrnimmt. Darüber hinaus soll auch der „private" Bereich des Johari-Fensters zugunsten des öffentlichen Bereichs verkleinert werden: Dazu werden Verhaltensweisen und Motivationen, die in der Regel nur der Person selbst als „empfindliche Stellen" bekannt und bewusst sind, den anderen im Team bekannt gemacht. Feedbackregeln helfen in diesem Prozess der gegenseitigen Rückmeldung, mehr über die eigenen Stärken und Schwächen im wissenschaftlichen Alltag zu erfahren und eigenes Verhalten mit der Fremdwahrnehmung der anderen Teammitglieder abzugleichen (Antons 2000). Die Anwendung konstruktiver Feedback-Regeln wurde in Bezug auf die zuvor im Leistungs-Anforderungsprofil fixierten Kompetenzbereiche in verschiedenen Übungen erprobt. Die Wissenschaftlerinnen und Wissenschaftler verinnerlichten in diesem Zusammenhang das gemeinsame Leistungs-Anforderungsprofil, sammelten Fremdurteile zu wissenschaftlichen Stärken und Schwächen und informierten sich gegenseitig darüber, wofür sie im Team geschätzt werden.

4 Teamunterstützung bei Karrieremotivation

Der zweite Teil des Teamentwicklungstrainings thematisierte die *Karrieremotivation* der Wissenschaftlerinnen und Wissenschaftler. In ihren Projektteams müssen Wissenschaftlerinnen und Wissenschaftler häufig Leistungen erbringen, die ihnen für ihre nächsten persönlichen Karriereziele, z.B. die eigene Promotion, nicht unmittelbar nützen. Gleichzeitig müssen häufig ursprünglich geplante wissenschaftliche Fragestellungen und Methoden im Laufe eines mehrjährigen Forschungsprojektes revidiert werden. Mitunter berichten die Wissenschaftlerinnen und Wissenschaftler dann, dass sie sich aktuell überhaupt nicht um ihre wissenschaftliche Karriere kümmern können, da ihr Projekt „nicht so läuft wie gehofft" oder zu viel für das Projekt getan werden müsse, ohne dies für die eigene Promotion verwenden zu können. Daher ist es wichtig, über persönliche Lern- und Entwicklungsziele als Motivationsquelle zu reflektieren und kritisch zu prüfen, wie sich diese Ziele trotz Schwierigkeiten und veränderter Rahmenbedingungen im Projekt dennoch effektiv verfolgen lassen. Leitfragen dieses Trainingsteils waren daher:

- Welche Lernziele und Entwicklungsziele möchte ich persönlich im Projekt erreichen?
- Auf welchem Wege soll dies passieren?
- Welche Entwicklungschancen für meine Ziele bietet das Projekt im Moment?

Die Teilnehmerinnen und Teilnehmer wurden über die Rolle von individuellen und teambezogenen Zielen für die arbeits- und karrierebezogene Motivation informiert. Motivierende Ziele sollten anspruchsvoll und möglichst spezifisch formuliert werden. Im Team können sie zu besseren Teamleistungen führen, da sie immer dann hilfreich sind, wenn es schwierig wird: Sie erhöhen die subjektive Bedeutsamkeit eines Misserfolgs des Teams, regen die Kommunikation während der Aufgabenbearbeitung an, fördern das Vergnügen an eher langweiligen Teamaufgaben und wirken der Nutzung ineffizienter Strategien entgegen. Dabei fördern schwierige und spezifische *Lern*ziele den Lern- und Leistungserfolg mehr als rein ergebnisorientierte Ziele (Wegge 2004). Ziele sind zudem mit Rückmeldungen als Regelkreis verbunden. Die Reflexion der Ziele und Rückmeldungsmöglichkeiten im aktuellen Projekt sollte zu einer gemeinsamen Informationsgrundlage über individuelle Interessen und Ziele im Team beitragen, Handlungsbedarfe aufzeigen, wenn Individualziele in ihrer Erreichung gefährdet sind, und die Motivation für das aktuelle wissenschaftliche Projekt fördern.

5 Teamunterstützung bei Karrierechancen

Der dritte Teil des Teamentwicklungstrainings bezog sich auf den geschlechter-
gerechten und karriereorientierten Umgang mit *Karrierechancen* im Team. Leitfragen dieses Trainingsteils waren:

- Unter welchen Bedingungen können im Team Prozessgewinne und Prozess-
verluste auftreten?
- Wie, das heißt nach welchen Routinen, werden im Team aktuell karriererelevante Situationen entschieden? Worin liegt deren Nutzen, wo liegen
Grenzen und Risiken?
- Welche weiteren Ideen gibt es, Entscheidungen im Team reflektierter, karriereorientierter und geschlechtergerechter zu treffen?

Die Trainingsteilnehmerinnen und –teilnehmer bearbeiteten zunächst eine „Hidden Profile"-Übung (Brodbeck, Kerschreiter, Mojzisch, et al. 2007), bei der das
Team gemeinsam eine Entscheidung für eine von zwei Alternativen unter Zeitdruck treffen soll. In der vorgelegten Übung sollte sich das Team in die Situation
eines Marketing-Unternehmens hineinversetzen, in dem die Personalabteilung
zwischen zwei hochqualifizierten Bewerbern wählen sollte. Jedes Teammitglied
hatte schriftliche Informationen darüber, welche persönlichen Eindrücke er oder
sie von beiden Bewerbern im Laufe des Bewerbungsprozesses gesammelt hatte.
Während für den objektiv besseren Bewerber insgesamt fünf Positiv-Informationen vorhanden waren, die allerdings *verteilt* über mehrere Entscheidungsträger
im Team vorlagen, gab es für den objektiv schlechteren Bewerber insgesamt drei
Positiv-Informationen, die zudem *geteilt* waren, das heißt alle Entscheidungsträger im Team verfügten auf ihren Schriftstücken über dieselben Informationen
zu diesem Bewerber. Forschungsbefunde zeigen, dass sich die Mehrzahl der
Teams bei der Bearbeitung einer „Hidden Profile"-Übung für den Bewerber mit
der objektiv geringeren Anzahl an Positiv-Informationen entscheiden, zu denen
aber schnell Konsens im Team hergestellt werden kann, da diese Informationen
geteilt sind. Mit dieser Übung sollte verdeutlicht werden, dass die Entscheidung
für die bessere Alternative mit den verteilten Informationen nur gelingt, wenn
sich die Teammitglieder auf Ziele und Kriterien für ihre Entscheidungen einigen,
aktiv und aufmerksam zuhören, alle einbeziehen, abweichende Meinungen zu-
lassen, Kritik konstruktiv formulieren und Argumente nach Möglichkeit schrift-
lich fixieren. Übertragen auf die Situation der Karriereentwicklung von Frauen
und Männern könnte die Anwendung dieser Verhaltensregeln im Team bedeu-

ten, dass Zuweisungen von Chancen stärker auf objektiven Informationen, weniger auf (geschlechterstereotypen) Zuschreibungen beruhen.

Abschließend wurde das Leistungs-Anforderungsprofil des Teams noch einmal dahingehend untersucht, inwieweit die dort aufgeführten karriererelevanten Arbeitsergebnisse und Arbeitsaufgaben durch Entscheidungen des Teams (im Gegensatz zu Entscheidungen durch höhere Hierarchieebenen) aktiv mitgestaltet werden können. Für jede dieser Situationen wurde reflektiert, wie hier Entscheidungen im Allgemeinen getroffen werden (z.b. aus dem Bauch heraus, durch Aussitzen, durch Delegieren, durch das Abwägen von Risiken u.v.a.m.) und welches Verbesserungspotential vorhanden ist, die Situationen zukünftig noch reflektierter, karriereorientierter und damit letztlich auch geschlechtergerechter zu gestalten. Die Ergebnisse dieser Überlegungen wurden in einem Maßnahmenplan fixiert.

6 Profitieren Wissenschaftlerinnen und Wissenschaftler von einer Teilnahme? Erste Evaluationsergebnisse

Im Folgenden werden vorläufige Evaluationsergebnisse der Teamintervention von insgesamt 38 Teilnehmerinnen und Teilnehmern aus acht verschiedenen Forschungsteams außerhochschulischer Forschungseinrichtungen vorgestellt. Davon waren 25 Personen weiblich (65,8 %) und 13 Personen männlich (34,2 %), 33 Personen arbeiteten in naturwissenschaftlichen Fachbereichen, fünf Personen gehörten zu einem sozialwissenschaftlichen Team. In allen teilnehmenden Teams bestand für eine oder mehrere Wissenschaftlerinnen und Wissenschaftler die Möglichkeit für weitere Karriereschritte in einer wissenschaftlichen Laufbahn, das bedeutet, diese Personen waren weder bereits auf einer Professur noch auf einer anderen Dauerstelle.

Die teilnehmenden Wissenschaftlerinnen und Wissenschaftler wurden in der Woche vor dem Teamentwicklungstraining gebeten, auf freiwilliger Basis einen kurzen Onlinefragebogen auszufüllen, der Fragen zu ihrem Karrierewissen, ihrer Karrieremotivation und dem Umgang mit Karrierechancen und karriererelevanten Entscheidungen im Team enthielt. Drei Monate nach Beendigung der Teamintervention wurde erneut online um Teilnahme an der Nachbefragung zu den gleichen Aspekten geworben. Unmittelbar nach dem Teamentwicklungstraining wurden die Teilnehmerinnen und Teilnehmer zudem um Zufriedenheitsangaben zur Teamentwicklung gebeten.

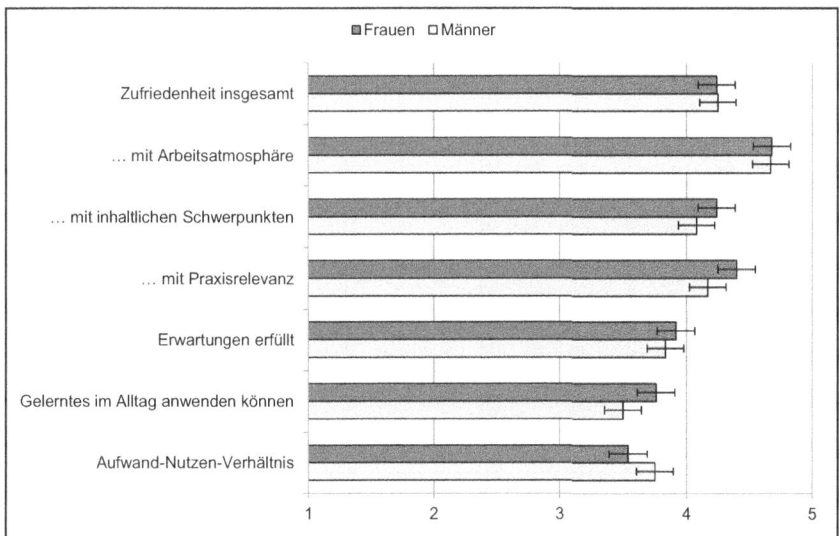

Abbildung 1:   Zufriedenheitsurteile (Mittelwerte, Standardfehler) zur Teamentwicklung. $N = 38$

Zunächst wird in Abbildung 1 getrennt nach Geschlechtern dargestellt, wie zufrieden die teilnehmenden Personen mit dem Teamentwicklungstraining insgesamt und mit Einzelaspekten wie der Arbeitsatmosphäre oder dem Praxisbezug der Maßnahme waren. Dazu wurden Antwortskalen von 1 bis 5 dargeboten, die je nach Aspekt unterschiedlich verbal verankert waren. Je höher der Mittelwert, desto positiver wurde der jeweilige Aspekt bewertet. Insgesamt wird deutlich, dass es eine positive Resonanz der Wissenschaftlerinnen und Wissenschaftler auf das Teamentwicklungstraining gab. Die teilnehmenden Teams erlebten während der Maßnahmen vor allem ein gute Arbeitsatmosphäre und diskutierten Probleme, die nah an ihrem beruflichen Alltag angesiedelt waren. Problematisch erschien es hingegen vielen Teilnehmenden, sich für die Teamentwicklung 1,5 Tage Arbeitszeit am Stück nehmen zu können. Insgesamt zeigt sich zudem, dass keine geschlechterdifferenten Zufriedenheitsurteile abgegeben werden, so dass davon ausgegangen werden kann, dass die Teams in ihrer Gesamtheit und nicht nur ausschließlich die Frauen von den besprochenen Inhalten profitiert haben.

In einem weiteren Schritt wurde überprüft, ob die teilnehmenden Personen im Vorher-Nachher-Vergleich von der Teamentwicklung profitiert haben und ob

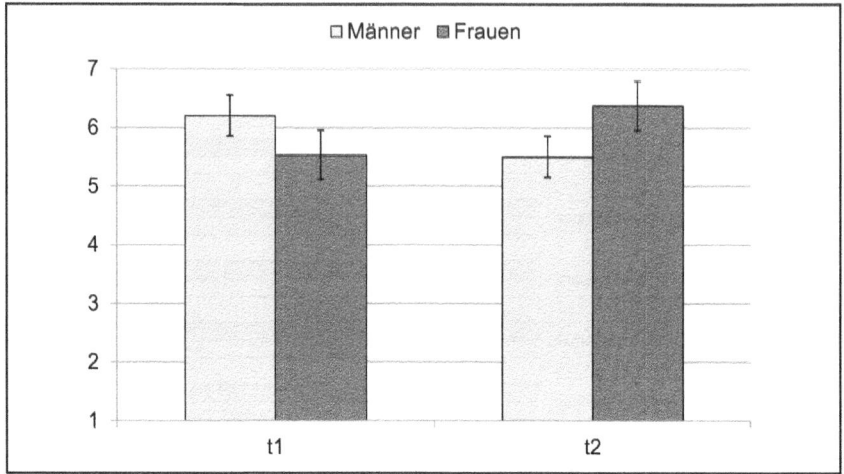

Abbildung 2:   Klarheit über karriererelevante Arbeitsergebnisse. $N = 38$. Mittelwerte
und Standardfehler. t1 = Vorbefragung, t2 = Nachbefragung drei Monate
nach der Intervention

Wissenschaftlerinnen in höherem Maße profitierten als ihre männlichen Kollegen. Dazu wurden exemplarisch für jeden Aspekt der Performanz-Formel Selbst-
einschätzungen getrennt nach Geschlecht und Erhebungszeitpunkt dargestellt.
Der Zeitpunkt t1 repräsentiert dabei die Vorbefragung, der Zeitpunkt t2 die
Nachbefragung drei Monate nach Abschluss des Teamentwicklungstrainings.
Die Berechnungen erfolgten mit einer 2x2-Varianzanalyse mit einem Mess-
wiederholungsfaktor. Die Haupteffekte beschreiben erstens, ob es generelle Unterschiede zwischen Frauen und Männern gibt und zweitens, ob es eine generelle
Veränderung von Zeitpunkt t1 zu Zeitpunkt t2 gibt. Die Interaktionen zwischen
beiden Haupteffekten illustrieren darüber hinaus, ob die Veränderungen von t1
zu t2 für Männer und Frauen gleich sind.

Zur Erfassung des Karrierewissens wurde unter anderem auf einer siebenstufigen Skala gefragt, inwieweit den teilnehmenden Wissenschaftlerinnen und
Wissenschaftlern klar ist, welche Arbeitsergebnisse sie für eine wissenschaftliche Karriere erbringen müssen. In der Teamintervention wurde dieser Aspekt
mehrfach angesprochen, zum Beispiel bei der Erarbeitung des teambezogenen
Anforderungsprofils und beim Umgang mit karriererelevanten Entscheidungen
im Team. Abbildung 2 zeigt, dass sich Frauen und Männer zu beiden Zeitpunk-

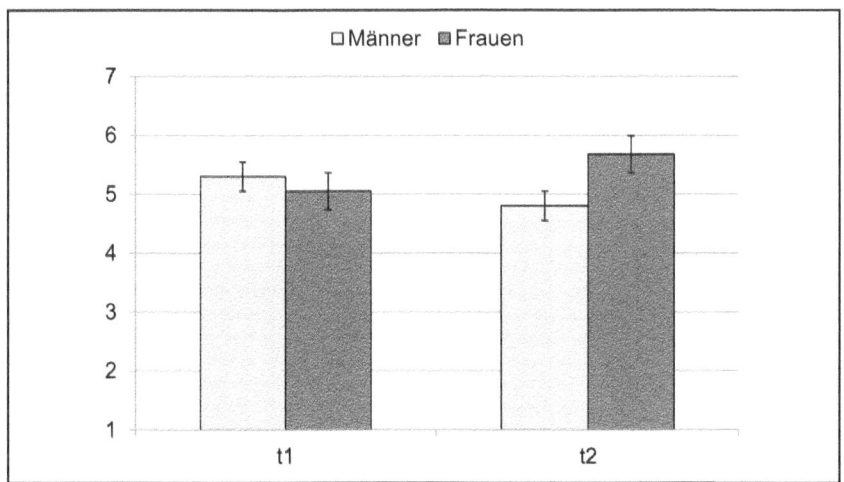

Abbildung 3:   Klarheit über individuelle Lernfortschritte im Projekt. $N = 38$. Mittelwerte und Standardfehler. t1 = Vorbefragung, t2 = Nachbefragung drei Monate nach der Intervention

ten nicht signifikant voneinander unterscheiden ($F_{t1} = 2,97$, $p = 0,09$ bzw. $F_{t2} = 2,97$, $p = 0,10$), Frauen aber einen signifikanten Zuwachs an Karrierewissen nach dem Training berichten ($F_{Frauen} = 10,80$, $p = 0,004$).

Neben dem Karrierewissen thematisierte die Teamentwicklung auch persönliche Lern- und Entwicklungsziele als zentrale Quelle der persönlichen Motivation, eine wissenschaftliche Karriere zu verfolgen. In der Teamentwicklung wurde thematisiert, welche Lernziele jedes Teammitglied verfolgt, welche Chancen das aktuelle Projekt dazu bietet und welche Unterstützungsmaßnahmen durch das Team zur Erreichung persönlicher Lern- und Entwicklungsziele geleistet werden können. Die teilnehmenden Wissenschaftlerinnen und Wissenschaftler wurden im Rahmen der Evaluation auf einer siebenstufigen Skala befragt, inwieweit sie über klare Vorstellungen davon verfügen, in welchen Bereichen sie durch ihr aktuelles Projekt Lernfortschritte erzielen. Abbildung 3 verdeutlicht, dass dies den Teilnehmerinnen und Teilnehmern nur in durchschnittlichem Maße klar ist. Während sich die Geschlechter zum Zeitpunkt der Vorbefragung nicht signifikant unterschieden ($F_{Frauen} = 3,96$, $p = 0,06$), profitierten die Frauen zumindest marginal positiv. Mit anderen Worten: Besonders den Wissenschaftler*innen* war nach der Teamentwicklung tendenziell klarer als vorher, in welchen Berei-

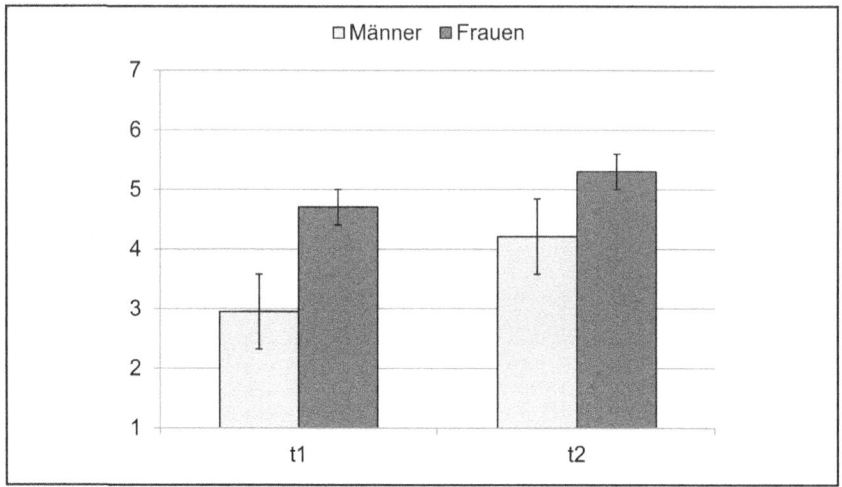

Abbildung 4:   Mitarbeit an Publikationen im Peer-Review-Verfahren. $N = 38$. Mittelwerte und Standardfehler. t1 = Vorbefragung, t2 = Nachbefragung drei
Monate nach der Intervention

chen sie durch die Arbeit in ihrem aktuellen Projekt Fortschritte für ihre persönlichen Lern- und Entwicklungsziele erreichen ($F_{Frauen} = 3{,}96$, $p = 0{,}06$).

Last but not least wurde zudem erfasst, inwieweit die teilnehmenden Wissenschaftlerinnen und Wissenschaftler Karrierechancen proaktiv ergreifen, indem sie zum Beispiel an Drittmittelanträgen mitwirken oder als (Co-)Autorin
oder -Autor an Publikationen im Peer-Review-Verfahren mitarbeiten. Konkret
wurde auf einer siebenstufigen Skala in der Vorbefragung und der Nachbefragung erhoben, inwieweit sich die Personen in den vergangenen drei Monaten
aktiv darum bemüht haben, an Publikationen im Peer-Review-Verfahren als
(Co)-Autor bzw. (Co-)Autor mitzuarbeiten. Abbildung 4 zeigt, dass es zu einer
signifikanten Zunahme des Publikationsverhaltens nach der Teamentwicklung
gekommen war ($F = 4{,}87$; $p = 0{,}04$), und zwar insbesondere bei den teilnehmenden Frauen ($F_{Frauen} = 6{,}68$; $p = 0{,}02$). Bei den Männern hingegen streute die In-
tensität des Publikationsverhaltens sehr stark und zeigte keinen signifikanten Zuwachs über die Zeit hinweg.

Insgesamt kann konstatiert werden, dass es sich beim vorgestellten Teamentwicklungstraining um einen vielversprechenden Ansatz handelt, über eine
verbesserte Zusammenarbeit im Team das Karrierewissen, die Karrieremotiva-

tion und die Karrierechancen insbesondere von Frauen zu stärken. Die größten Schwierigkeiten in der Umsetzung liegen einerseits darin, die in der Regel zeitlich stark eingebundenen Teammitglieder über 1,5 Tage aus ihrem Arbeitsprozess herauszulösen und andererseits, die Teamleitungen für eine Teilnahme zu gewinnen.

Handlungsempfehlungen zur Gestaltung chancengerechter Wissenschaftskarrieren – Wer kann wo und wie ansetzen?

Doris Fay / Patricia Graf / Annett Hüttges / Judith Reißner

In den verschiedenen Kapiteln dieses Sammelbandes haben die Autorinnen aus den jeweiligen empirischen Analyseergebnissen Überlegungen zu Handlungsansätzen abgeleitet. Diese Handlungsansätze haben vielfältige Foki – sie richten sich an Wissenschaftlerinnen und Wissenschaftler in den ersten Phasen ihrer Karriere, an Führungskräfte in den wissenschaftlichen Instituten, an die Forschungsgesellschaften bzw. -gemeinschaften und, last but not least, an Politik und Gesamtgesellschaft. Wir stellen uns hauptsächlich der Frage, wie mehr Frauen den Weg zur Professur schaffen können, greifen aber auch einige allgemeine, „genderunspezifische" Themen auf.

1 Wissenschaftlerinnen und Wissenschaftler

1.1 Mann und Frau wissen, worauf es ankommt – wie es geht, sollten sie stärker erfragen

Unsere Analysen zum Karrierewissen (Fay, Hüttges, und Graf, in diesem Band) haben verdeutlicht, dass Frauen und Männern in der Spitzenforschung die Kriterien für erfolgreiche Wissenschaftskarrieren gleichermaßen bekannt sind. Vermutlich ist dies auch den verschiedenen Unterstützungsmechanismen, die von Doktorandenworkshops bis zur strukturierten Promotionsausbildung reichen, zuzuschreiben, welche zur gezielteren Begleitung und Information des wissenschaftlichen Nachwuchses ins Leben gerufen wurden. Wissenschaftlerinnen und Wissenschaftler wissen also umfassend, worauf es für eine erfolgreiche Laufbahn ankommt. Allerdings gibt es erste Hinweise, dass es Unterschiede im Umsetzungswissen gibt – also, dem Wissen wie die Leistungskriterien erreicht werden können. Am Beispiel der Regeln für die Festlegung von Autorinnen- und Autorenschaft haben unsere Daten illustriert, dass Frauen und Männer nicht in gleichem Maß über dieses Regel- oder Umsetzungswissen verfügen. Solches Wissen ist aber vermutlich äußerst bedeutsam. Erst wenn die Regeln – z.B. das Beitragsprinzip – bekannt sind, kann eine Nachwuchswissenschaftlerin oder ein Nachwuchswissenschaftler im entscheidenden Moment auf den eigenen wissenschaftlichen Beitrag aufmerksam machen und eine Mitautorinnen- bzw. Mitautorenschaft einfordern. Darüber hinaus kann er oder sie auch bei laufenden Forschungsarbeiten, an denen er bzw. sie noch nicht beteiligt ist, auf die eigene Expertise aufmerksam machen, um zu einer Mitarbeit eingeladen zu werden.

Das spezielle Wissen, wie man die Leistungskriterien am günstigsten erfüllen kann, scheint wenig formalisiert (und vermutlich auch wenig formalisierbar) zu sein. Wie kann ich Drittmittelakquise leisten, ohne es – gerade bei einem Erstantrag – völlig im Alleingang zu stemmen? Wie komme ich zu einem Drittmittelantrag? Wo muss ich welches Thema platzieren, damit es sichtbar wird? Da dieses Wissen eher fachspezifisch ist, haben strukturierte Informationsstrategien vermutlich ihre Grenzen; allerdings sind Führungskräfte hier stärker aufgerufen, das implizite Wissen zu explizieren (dazu unten mehr). Wissenschaftlerinnen und Wissenschaftlern empfehlen wir, sich dieses implizite Wissen gezielt durch Fragen und Ausprobieren zu erschließen. Erst wenn man mit der Frage „Ich wollte mich schon immer mal in dieses Analyseverfahren einarbeiten; könntet ihr euch vorstellen, dass ich an dem Thema mitarbeite?" aus der Deckung gekommen ist, weiß man, ob diese Strategie funktioniert oder nicht.

1.2   Exzellente Wissenschaftlerinnen und Wissenschaftler werden nicht „entdeckt"!

Durch das Arbeiten mit den verschiedenen Forschungsteams und wissenschaftlichen Arbeitsgruppen während der Teamentwicklungstrainings (Hüttges in diesem Band) haben wir den Eindruck gewonnen, dass Frauen – stärker als Männer – eine riskante Karrierestrategie verfolgen. Die Strategie besteht in der Hoffnung, mit exzellenten Leistungen früher oder später „entdeckt" zu werden. Exzellente Leistung führt jedoch nicht automatisch zur Entdeckung. Entdeckt werden sehr gute Wissenschaftlerinnen und Wissenschaftler, die es den „Entdeckenden" leicht machen. Folglich müssen Frauen wie Männer auf die eigene

Sichtbarkeit im Fachgebiet achten. Die Bemühung um Sichtbarkeit ist nichts Anrüchiges, sondern legitim und ein wichtiger Faktor für den wissenschaftlichen Karriereerfolg.

Allerdings wird von verschiedenen Seiten darauf hingewiesen, dass das Zeigen von „männlichen" Karrierestrategien – zu denen auch die eigene Sichtbarkeitserhöhung zählt – für Frauen problematisch sein kann. Zeigen Frauen Verhaltensweisen, die typisch männlich sind, verletzen sie weibliche Geschlechtsrollenstereotypien. Dies wird oft sanktioniert. Die negative Konsequenz für eigentlich erfolgreiche Verhaltensweisen, auch als „Backlash-Effect" bezeichnet (Rudman 1998), schreckt viele davon ab, diese eigentlich erfolgversprechenden Verhaltensweisen zu zeigen. Haben wir es hier mit einer unausweichlichen Zwickmühle zu tun? Neuere Ergebnisse zeigen, dass zumindest Personen, die situative Hinweisreize sensibel wahrnehmen und ihr Verhalten auf die Anforderungen der sozialen Situation gut abstimmen können, vom Backlash-Effekt nicht betroffen sind (O'Neill und O'Reilly 2011). Wissenschaftlerinnen, die sich ein hohes Gespür für soziale Situationen zutrauen (also über eine hohe Selbstüberwachung verfügen), scheinen männlich konnotierte Strategien so geschickt anbringen zu können, dass sie keine negativen Konsequenzen für typisch männliches Verhalten erwarten müssen. Für alle, die sich dies nicht zutrauen: Stellen Sie ruhig Ihre Forschungsergebnisse in den Vordergrund, verknüpfen Sie diese aber immer wieder klar mit der eigenen Person.

1.3 Forschungsteams – Schwierige Balance von Kooperation und Konkurrenz

Ein Schwerpunkt unseres Projekts hat sich mit der Rolle des Teams als Ort des täglichen Arbeitens auseinandergesetzt (Graf, Reißner, und Schmid in diesem Band). Die hier untersuchten Forschungsteams befinden sich in einer Situation voller Widersprüche: Kooperation, Wettkampf, Konkurrenz, Abhängigkeit und Unterstützung finden parallel statt. In Teams wird für das Erarbeiten neuer Forschungsergebnisse, das Erstellen von Publikationen und Drittmittelanträgen kooperiert, es findet durch Weitergabe von Fach- und Karrierewissen strategisch relevante Unterstützung statt; Teams sind aber auch Austragungsort von Wettbewerb um bessere Arbeitsverträge, Autorinnen- und Autorenschaften und Karrierechancen jeglicher Couleur. Konflikte zwischen individuellen Zielen und den

Interessen des Teams bleiben oftmals unausgesprochen.[1] Die Aufgabe einer und eines jeden ist – mit Unterstützung der Führungskräfte (s.u.) – sich über diese Spannung klar zu werden und sich der Verantwortung für die eigenen Interessen und denen des Teams bewusst zu sein.

Individuelle Interessen und Bedürfnisse bzw. Leistungsanforderungen an das Team lassen sich oft, wenn auch nicht immer, durch kreative Lösungen unter einen Hut bringen. Voraussetzung dafür ist jedoch zuerst die Anerkennung aller, dass es divergierende Interessen gibt, und die Motivation, dies konstruktiv zu lösen. Lassen sich keine klugen Lösungen finden, sind insbesondere diejenigen – Frauen wie Männer –, die lieber zurückstecken als einzufordern, aufgerufen, ihre Verantwortung für ihre eigene Laufbahn nicht aus den Augen zu verlieren. Dafür braucht es aber auch im Team eine Kultur des Vertrauens, in der sich alle Teammitglieder ermutigt fühlen, ihren Anspruch einzufordern. Klare Regeln, etwa zu Arbeitsausfall und flexibler Arbeitszeit, anstatt informeller Absprachen können diese Kultur unterstützen.

2 Führungskräfte

2.1 Führungskraft sein, heißt auch Mitarbeiterinnen und Mitarbeiter entwickeln – und dies nicht nur abends

Verschiedene Ergebnisse des Projektes weisen darauf hin, dass den Führungskräften in den Instituten eine zentrale Rolle für die Berufslaufbahnen zukommt. Sie sind im Besonderen aufgefordert, sich ihrer Verantwortung stärker bewusst zu werden, die berufliche Entwicklung ihrer Mitarbeiterinnen und Mitarbeiter aktiv zu begleiten. Das bedeutet nicht, dass sie für den Laufbahnerfolg verantwortlich sind. Aber Führungskräfte sollten sich als Wegbegleiter in strategischer und inhaltlicher Hinsicht sehen. Nach unseren Eindrücken sehen sich Führungskräfte in der Forschung primär als Wissenschaftlerinnen bzw. Wissenschaftler. Sie kümmern sich häufig neben der Forschung auch noch um die Mitarbeiterinnen und Mitarbeiter, auch um das Akquirieren von Drittmittelprojekten, die Finanzen, etc., aber das Selbstverständnis liegt in der Rolle der Wissenschaftlerin

---

1   Wir danken Frau Ellen Hilf, Sozialforschungsstelle Dortmund der TU Dortmund, für den Hinweis darauf, dass Arbeitsteams nicht als Solidargemeinschaft missverstanden werden sollten (im Rahmen ihres wissenschaftlichen Kommentars während der Abschlusstagung des Projekts in Potsdam am 6. September 2012).

bzw. des Wissenschaftlers. Dieses Selbstverständnis ist angesichts des typischen Verlaufs der beruflichen Laufbahn in der Wissenschaft völlig nachvollziehbar, es ist jedoch zu schmal. Führungskräfte im Wissenschaftsbetrieb sind aufgerufen, sich stärker ihren Aufgaben des Führens und Entwickelns ihrer Mitarbeiterinnen und Mitarbeiter anzunehmen. Dazu gehören regelmäßige Gespräche mit jedem und jeder einzelnen, in denen Stärken herausgearbeitet werden, Schwächen besprochen, Chancen ausgelotet, Perspektiven abgetastet, Möglichkeiten gefunden oder generiert werden. Hier gilt es, etablierte „Präsenz-Kulturen" kritisch zu hinterfragen. Denn häufig werden solche Gespräche denjenigen zuteil, die noch am späten Abend oder am Wochenende durch die Forschungseinrichtung wandeln, die mit „am Biertisch" sitzen oder zu irgendeiner Unzeit für ein Tür-und-Angel-Gespräch zur Verfügung stehen. Als Führungskraft hat man jedoch die Verantwortung, mit allen Mitarbeiterinnen und Mitarbeitern regelmäßig zu sprechen. Denn diejenigen, die „immer da" sind, sind nicht unbedingt die besten. Im Arbeitsalltag sollten Führungskräfte darauf Wert legen, in ihren Teams eine konstruktiv-kritische Feedbackkultur zu etablieren. Damit tragen sie dazu bei, dass sich jeder Wissenschaftler und jede Wissenschaftlerin hinsichtlich seiner oder ihrer karriererelevanten Kompetenzen realistisch einschätzen kann.

2.2 Führungskraft sein, heißt auch Mitarbeiterinnen und Mitarbeiter entwickeln – und dies systematisch und geplant!

Dass nicht jeder und jedem das gleiche Maß an Förderung durch die Führungskraft zuteil wird, legen die Befunde des Projekts „Aufstiegskompetenz" der Universitäten Hamburg und Leipzig, einem weiteren Projekt der Förderlinie „Frauen an die Spitze", nahe. Das Projekt beschäftigte sich mit den Mechanismen aufstiegsförderlicher Führung. Die Ergebnisse zeigen, dass in der freien Wirtschaft vor allem Personen mit hoher „Aufstiegskompetenz" von ihren Führungskräften viel Förderung erhalten.[2] Aufstiegsförderung folgt somit dem Matthäus-Prinzip („wer hat, dem wird gegeben", vgl. Merton 1985). Inwieweit der gleiche Effekt auch im Bereich der Forschung zu finden ist, ist noch eine offene Frage; dessen ungeachtet stellt sich die Frage, aufgrund welcher (Vor-)Leistungen, Signale oder Verhaltensweisen Förderung stattfindet. Führung in der naturwissenschaftlichen Forschung findet in einem Kontext äußerst geschlechtsstereotyper Kompe-

---

2   Wir danken Frau Sabine Korek, Universität Leipzig, für ihren Vortrag während der Abschlusstagung des Projekts in Potsdam am 6. September 2012.

tenzzuschreibungen statt: Frau „kann" mit Menschen, und Mann „kann" Theorie, Technik und Führung. Und er hat Zeit (Hüttges et al. 2011). Vor diesem Hintergrund empfehlen wir Führungskräften, sich genau und kritisch in folgender Weise zu hinterfragen: Habe ich alle meine Wissenschaftlerinnen und Wissenschaftler im Blick, oder verpasse ich gar Potential, wenn ich nur die vermeintlich leistungsstarken Personen fördere? Beruhen meine Bewertungen und meine Zuweisungen von Karrierechancen auf tatsächlichen Leistungen der Wissenschaftlerinnen und Wissenschaftlern, die ich beobachten konnte, oder orientieren sie sich an gängigen stereotypen Annahmen? Kann ich mir und anderen Auskunft darüber geben, auf welchen Regeln und Prinzipien meine karriererelevanten Entscheidungen beruhen? Unterstütze ich auch diejenigen Wissenschaftlerinnen und Wissenschaftler, die einen ersten Impuls brauchen, Erfolge für sich persönlich zu verbuchen?

2.3   Führungskraft sein kann heißen, Ressourcen für Belange außerhalb der Forschung sicherzustellen

Mit Blick auf die bessere Vereinbarkeit familiärer und karrierebezogener Belange sollten Führungskräfte überlegen, wie sie Ressourcen flexibel und kreativ einsetzen können, um die eigenen Wissenschaftlerinnen und Wissenschaftler bei familiären Engpässen wirkungsvoll unterstützen zu können. Das bedeutet auch dafür zu sorgen, dass fehlende Ressourcen, zum Beispiel fehlende Kinderbetreuungsmöglichkeiten bei wichtigen Terminarbeiten, auf organisationaler Ebene eingefordert werden. Darüber hinaus sind Führungskräfte aufgerufen, sich von einem scheinbaren Fehlen von Ressourcen nicht blenden zu lassen: Gut funktionierende Teams neigen dazu, Ausfälle durch Eigeninitiative und Hilfsbereitschaft kompensieren zu wollen, und dies ist tatsächlich nicht die Aufgabe des Teams (vgl. Graf, Reißner, und Schmid in diesem Band). Gleichzeitig ist das Gefühl von Verpflichtung in gut funktionierenden Teams oftmals so hoch, dass Teammitglieder kaum den Mut haben, für Familienbelange auszufallen. Das Team darf jedoch nicht der Ort sein, wo Ausfallszeiten kompensiert werden – die Strukturen müssen durch Führungskräfte eingefordert werden. Führungskräfte dürfen sich nicht auf der Selbstregulationsfähigkeit des Teams ausruhen.

3 Forschungsinstitute und Dachgesellschaften

3.1   Laufzeiten von Arbeitsverträgen: ein kluger Selektionsmechanismus?

Obwohl unsere interviewten Wissenschaftlerinnen und Wissenschaftler ihre Tätigkeit offensichtlich sehr schätzten, waren in einer Erhebung von 2011 48 % der Befragten aktuell auf der Suche nach einer Beschäftigung außerhalb einer Universität bzw. außerhochschulischen Forschungseinrichtung (Hüttges und Fay in diesem Band). Als Hauptbeweggrund wurde die schlechte zeitliche Perspektive des Arbeitsvertrages angeführt, eine Problematik, die sich durch die zunehmende Drittmittelfinanzierung von Forschung zu verschärfen scheint (Graf und Reißner in diesem Band). Die vorliegenden Daten erlauben keine Rückschlüsse darüber, ob es sich bei den Ausstiegswilligen um diejenigen handelt, die eher zu den durchschnittlich leistungsstarken Wissenschaftlern und Wissenschaftlerinnen zu zählen sind, oder ob es sich um solche mit besonders hohem Potential handelt. Allerdings liegen nach unserem Wissen keine Daten vor, die einen positiven Zusammenhang zwischen wissenschaftlichem Potential und dem Willen, sich mit kurz- oder mittelfristiger beruflicher Planbarkeit abzufinden, nahelegen. Anders formuliert: Nichts spricht dafür, dass diejenigen, die sich mehrjährigen Phasen der beruflichen Laufbahn mit einem geringen Zeithorizont aussetzen, die besseren Wissenschaftlerinnen bzw. Wissenschaftler sind. Forschungseinrichtungen sollten prüfen, ob durch die Stellenstrukturen und Laufzeiten von Arbeitsverträgen ein ungewollter Braindrain an andere Arbeitgeber oder Branchen oder ins Ausland stattfindet.

3.2   Unterstützung der Führungskräfte in der Personalarbeit I

Nach unserer Einschätzung nehmen Führungskräfte eine zentrale Rolle für die Entwicklung des wissenschaftlichen Nachwuchses ein. Eine stärkere Professionalisierung der Führungskräfte in ihrer Rolle der Führungskraft mit Personalverantwortung (neben der Rolle der Wissenschaftlerin bzw. des Wissenschaftlers) ist sicher eine lohnenswerte Investition. In den Weiterbildungsmöglichkeiten für Wissenschaftlerinnen und Wissenschaftler finden sich zunehmend auch Angebote zum Themenbereich „Mitarbeiterentwicklung und -führung". Dies ist ein wichtiger erster Schritt, aber tatsächlich nur ein erster Schritt. Personalverantwortung durch regelmäßige und systematische Leistungsfeedback- und Entwicklungsgespräche auszuüben, ist zeitaufwendig und kann auch unbequem sein.

Hier sind flankierende Maßnahmen seitens der Institutionen notwendig um zu gewährleisten, dass die Instrumente zur professionellen Ausübung von Personalverantwortung nicht nur in Trainings und Workshops erlernt, sondern auch ausgeübt werden. Dass dies keine triviale Aufgabe für die Institutionen sein kann, ist angesichts der gut gefüllten Terminkalender der Führungskräfte und deren primärem Selbstverständnis als Wissenschaftlerin bzw. Wissenschaftler gewiss augenfällig.

3.3   Unterstützung der Führungskräfte in der Personalarbeit II

Professionelle Personalarbeit wird durch Vorliegen angemessener Instrumente erleichtert. Als Beispiel wäre dazu die Entwicklung und Anwendung transparenter Kriterien für Entfristungsverfahren oder Beförderungen zu nennen. Je klarer und öffentlicher solche Richtlinien sind, desto leichter fällt die systematische Anwendung. Von guter Personalarbeit profitieren einerseits die Mitarbeiterinnen und Mitarbeiter sowie das Ansehen der Institution, andererseits sollte der Einsatz solcher Instrumente die geschlechtergerechte Vergabe von Chancen unterstützen.

4 Gesellschaft und Politik

Unser Appell an die Forschungseinrichtungen zur Verbesserung der Beschäftigungsperspektiven soll an dieser Stelle wiederholt werden. Wissenschaftliche Karrieren brauchen Zeit, sich zu entwickeln, und damit auch eine angemessene, langfristige Beschäftigungsperspektive.

Große Fortschritte wurden bereits mit der Verankerung von Gleichstellungskriterien in Regelevaluationen erzielt. Evaluationen üben unmittelbar Einfluss auf die Arbeitsumgebung der Wissenschaftlerinnen und Wissenschaftler aus, da sie direkt mit der Finanzierung der Forschungseinrichtungen verbunden sind. Um wirklich durchzuschlagen, müssen Gleichstellungskriterien aber dieselbe Bedeutung erhalten wie andere Evaluationskriterien, etwa die Strategie der Forschungsvorhaben und das Publikationsoutput. Auch sollten die Institute in der Umsetzung der Evaluationsergebnisse einerseits stärker unterstützt, aber auch andererseits mehr in die Pflicht genommen werden.

Für Wissenschaftlerinnen und Wissenschaftler ist der gewählte Beruf sicherlich zu einem beträchtlichen Anteil auch Berufung. Dies geht mit Freude, Enthusiasmus und Leidenschaft einher, auch mit dem Willen, dafür zu leiden.

Lebensrollen, die außerhalb des Berufes bestehen können, z.B. freizeitliche Rollen im Ehrenamt, die Rollen als Vater/Mutter, die Rolle als Kind, das die Eltern pflegt, die Rolle als Freizeitsportlerin bzw. -sportler, werden von in der Arbeit stark involvierten Menschen oft zurückgestellt. Angesichts des weiter fortschreitenden Wertewandels ist es durchaus zeitgemäß, sich die Frage zu stellen, inwieweit man das Berufsbild des „Vollblutwissenschaftlers" bzw. der „Vollblutwissenschaftlerin" weiter pflegen möchte. Das Leitbild der Exzellenz dürfte durch Aspekte der Vereinbarkeit verschiedener Lebensrollen sinnvoll ergänzt werden.

Die Autorinnen

Dr. Kirsti Dautzenberg promovierte im Jahr 2005 im Fach Unternehmensführung an der Martin-Luther-Universität Halle-Wittenberg und war zwischen 2005 und 2007 wissenschaftliche Mitarbeiterin am Leibniz-Institut für Agrarentwicklung in Mittel- und Osteuropa (IAMO). 2007 wechselte sie als Habilitandin an den Lehrstuhl für Entrepreneurship und Innovationsmanagement an die Universität Potsdam. Seit Mai 2011 arbeitet sie bei der Rambøll Management Consulting GmbH und leitet dort die Abteilung Wirtschaftspolitik. Ihre Forschungsinteressen liegen im Innovations- und Gründungsmanagement, konkret beschäftigt sie sich mit Wachstum, Erfolg und Finanzierung von technologieorientierten Gründungen sowie der Betrachtung dieser unter Genderaspekten. E-Mail: kirsti.dautzenberg@r-m.com

Prof. Dr. Doris Fay, Diplom-Psychologin, ist Inhaberin des Lehrstuhls für Arbeits- und Organisationspsychologie an der Universität Potsdam. Sie beforscht die Bedeutung von Proaktivität, Eigeninitiative und Innovativität von Mitarbeitern, Teams, und Organisationen. Neben Fragen des beruflichen Erfolgs von Frauen und Männern beschäftigt sie sich auch mit dem Themenfeld Arbeit und Gesundheit. E-Mail: doris.fay@uni-potsdam.de

Dr. Patricia Graf ist wissenschaftliche Angestellte am Lehrstuhl Wirtschafts- und Industriesoziologie der Brandenburgischen Technischen Universität Cottbus. Schwerpunktmäßig beschäftigt sie sich mit der vergleichenden Analyse von Innovationssystemen sowie Geschlechterstudien und Innovation. Von 2009 bis 2012 leitete sie am Lehrstuhl für Innovationsmanagement und Gründung der Universität Potsdam das BMBF-Projekt „Frauen und ihre Karriereentwicklung in naturwissenschaftlichen Forschungsteams". E-Mail: graf@tu-cottbus.de

Prof. Dr. Annett Hüttges, Diplom-Psychologin, war von 2009 bis 2012 wissenschaftliche Mitarbeiterin an der Professur für Arbeits- und Organisationspsychologie der Universität Potsdam. Sie promovierte im Jahr 2010 zu Gesundheits- und Innovationsressourcen bei wissensintensiven Dienstleistungen. Seit 2012 ist

sie Professorin für Arbeits- und Organisationspsychologie an der Medical School Berlin (Hochschule für Gesundheit und Medizin).
E-Mail: annett.huettges@medicalschool-berlin.de

Dr. Bärbel Kerber studierte an der Universität Hohenheim bis 1989 Wirtschaftswissenschaften und war nach Ihrer Promotion zur Dr. oec. zunächst in verschiedenen Wirtschaftsverbänden tätig. Seit 1995 arbeitet sie als freie Journalistin, vorrangig zu Themen wie Frauenpolitik, Gleichstellung, Vereinbarkeit von Beruf und Familie, weibliche Rollenbilder sowie Work-Life-Balance. Daneben veröffentlichte die in Berlin ansässige vierfache Mutter zwei Bücher: „Die Babyfalle – Weibliche Lebensentwürfe" (Metropolitan Verlag) und „Die Arbeitsfalle – und wie man sein Leben zurückgewinnt" (Metropolitan Verlag und Walhalla-Verlag) und gründete mit MissTilly.de ein Frauen-Onlinemagazin, das sich bewusst abseits von geschlechterstereotypischen Schönheits- und Beziehungstipps angesiedelt hat. Weitere Informationen und Leseproben unter www.baerbelkerber.de; www.MissTilly.de. E-Mail: info@bkerber.de

Judith Reißner, M.A. ist seit 2012 wissenschaftliche Mitarbeiterin am Lehrstuhl für Innovationsmanagement und Entrepreneurship der Universität Potsdam. Nach ihrem Studium der Ethnologie und Politikwissenschaften an den Universitäten Tübingen und Wien war sie im Rahmen des Projekts „Fault Lines of Emotion Cultures: On the Clash of Feeling Rules in the Context of Migration" am Max-Planck-Institut für ethnologische Forschung in Halle/Saale beschäftigt. Voraussichtlich 2013 schließt sie eine Weiterbildung zur Interkulturellen Trainerin und Beraterin ab. Ihre Arbeitsschwerpunkte sind qualitative Methoden der Sozialforschung, Methoden zur Förderung von Partizipation und Teilhabe, Gender und transkulturelle Lebenswelten. E-Mail: judith.reissner@uni-potsdam.de

Sylvia Schmid, Diplom-Soziologin, ist seit 2008 wissenschaftliche Mitarbeiterin am Lehrstuhl für Innovationsmanagement und Entrepreneurship an der Universität Potsdam. Sie promoviert zu Erfolgsfaktoren von naturwissenschaftlichen Forschungsteams in außerhochschulischen Forschungseinrichtungen. Nach ihrem Diplom in Soziologie 2007 mit den Schwerpunkten Arbeits- und Organisationspsychologie und BWL an der Freien Universität Berlin war sie in der forschungsgestützten Beratung innerhalb der qualitativen Marktforschung tätig. Ihre Forschungsinteressen sind: Prozesse in F&E- und Gründerteams, Kommunikation, Organisation und qualitative Methoden.
E-Mail: sylvia.schmid@uni-potsdam.de.

Literaturverzeichnis

Acker, Joan. 1991. Hierarchies, Jobs, Bodies: A Theory of Gendered Organizations. In *The Social Construction of Gender,* Hrsg. Judith Lorber und Susan A. Farrell, 162-179. London: Sage Publications.

Acker, Joan. 1998. The Future of 'Gender and Organizations': Connections and Boundaries. *Gender, Work and Organization* 5 (4):195-206.

Ancona, Deborah, und Henrik Bresman. 2007. *X-Teams: How to Build Teams That Lead, Innovate, and Succeed.* Boston, Massachusetts: Havard Business School Press.

Antons, Klaus. 2000. *Praxis der Gruppendynamik.* Göttingen: Hogrefe.

Arnold, John. 2001. Careers and Career Management. In *Handbook of Industrial, Work and Organizational Psychology,* Hrsg. Neil Anderson, Deniz S. Ones, Handan Sinangil und Chockalingam Viswesvaran, 115-132. London: Sage.

Auletta, Ken. 2011. Material Girl. In *Süddeutsche Zeitung-Magazin* 45:52-58.

Batt, Rosemary, und Alexander J. S. Colvin. 2011. An Employment Systems Approach to Turnover: Human Resources Practices, Quits, Dismissals, and Performance. *Academy of Management Journal* 54 (4):695-717.

Bozeman, Barry, und Julia Melkers (Hrsg). 1993. *Evaluating R&D Impacts: Methods and Practice.* Boston: Kluwer.

Braun, Dietmar. 2008. Organising the Political Coordination of Knowledge and Innovation Policies. *Science and Public Policy* 35 (4):227-239.

Brodbeck, Felix C. 2007. Analyse von Gruppenprozessen und Gruppenleistung. In *Lehrbuch Organisationspsychologie,* Hrsg. Heinz Schuler, 415-438. Bern: Huber.

Brodbeck, Felix C., Rudolf Kerschreiter, Andreas Mojzisch, und Stefan Schultz-Hardt. 2007. Improving Group Decision Making under Conditions of Distributed Knowledge: The Information Asymmetries Model. *Academy of Management Review* 32: 459-479.

Brodbeck, Felix C., und Günter W. Maier. 2001. Das Teamklima-Inventar (TKI) für Innovation in Gruppen: Psychometrische Überprüfung an einer deutschen Stichprobe. *Zeitschrift für Arbeits- und Organisationspsychologie* 45 (2):59-73.

Bryman, Alan. 1992. Quantitative and Qualitative Research: Further Reflection on Their Integration. In *Mixing Methods: Qualitative and Quantitative Research*, Hrsg. Julia Brannen, 57-78. Aldershot: Ashgate.

Büchel, Bettina, und Heidi Armbruster. 2006. Erfolgsfaktoren von Innovationsteams: Der Einfluss der übereinstimmenden Wahrnehmung zwischen Teammitgliedern und unternehmensinternen Stakeholdern. *Schmalenbachs Zeitschrift für betriebswirtschaftliche Forschung* 58 (6):506-527.

Buchinger, Kurt. 2004. Gruppenarbeit und Teamarbeit in Organisationen. Ideologie und Realität. In *Teamarbeit: Konzepte und Erfahrungen – eine gruppendynamische Zwischenbilanz,* Hrsg. Carl Otto Velmerig, Karl Schattenhofer, und Christian Schrapper, 210-266. Weinheim, München: Juventa.

Campbell, David F. J. 2001. Politische Steuerung über öffentliche Förderung universitärer Forschung? Systemtheoretische Überlegungen zu Forschungs- und Technologiepolitik. *Österreichische Zeitschrift für Politikwissenschaft* 30 (4):425-438.

Campbell, John P., Rodney. A. McCloy, Scott. H. Oppler, und Christopher. E. Sager. 1993. A Theory of Performance. In *Personnel Selection in Organizations,* Hrsg. Neal Schmitt und Walter C. Borman, 35-70. San Francisco: Jossey-Bass.

Chesbrough, Henry William. 2003. *Open Innovation: The New Imperative for Creating and Profiting from Technology.* Boston, Massachusetts: Harvard Business School Press.

Clarke, Adele E. 2012. *Situationsanalyse: Grounded Theory nach dem Postmodern Turn.* Wiesbaden: VS.

Dautzenberg, Kirsti, Doris Fay, und Patricia Graf (Hrsg). 2011. *Frauen in den Naturwissenschaften: Ansprüche und Widersprüche.* Wiesbaden: VS.

Deaux, Kay, und Tim Emswiller. 1974. Explanations of Successful Performance on Sex-Linked Tasks: What is Skill for the Male is Luck for the Female. *Journal of Personality and Social Psychology* 29 (1):80-85.

Denzin, Norman K. 1970. *The Research Act in Sociology: A Theoretical Introduction to Sociological Methods.* Chicago: Aldine.

Denzin, Norman K., und Yvonna S. Lincoln. 2005. The Art and Practices of Interpretation, Evaluation, and Presentation. In *The SAGE Handbook of Qualitative Research,* Hrsg. Norman K. Denzin, und Yvonna S. Lincoln, 909-914. Thousand Oaks: Sage Publications.

Direnzo, Marco S., und Jeffrey H. Greenhaus. 2011. Job Search and Voluntary Turnover in a Boundaryless World: A Control Theory Perspective. *Academy of Management Review* 36 (3):567-589.

Eddleston, Kimberly A., John F. Veiga, und Gary N. Powell. 2006. Explaining Sex Differences in Managerial Career Satisfier Preferences: The Role of Gender Self-Schema. *Journal of Applied Psychology* 91 (2):437-445.

Eisenberger, Robert, Robin Huntington, Steven Hutchison, und Debora Sowa. 1986. Perceived Organizational Support. *Journal of Applied Psychology* 71 (3):500-507.

Falk, Susanne. 2010. Gleicher Lohn bei gleicher Qualifikation? Eine Analyse der Einstiegsgehälter von Absolventinnen und Absolventen der MINT-Fächer. *Beiträge zur Hochschulforschung* 32 (4):48-71.

Frese, Michael, und Doris Fay. 2001. Personal Initiative: An Active Performance Concept for Work in the 21st Century. *Research in Organizational Behavior* 23:133-187. Amsterdam, Jena: Elsevier.

Gemeinsame Wissenschaftskonferenz. 2010. Chancengleichheit in Wissenschaft und Forschung: Vierzehnte Fortschreibung des Datenmaterials (2008/2009) zu Frauen in Hochschulen und außerhochschulischen Forschungseinrichtungen. http://www.gwk-bonn.de/fileadmin/Papers/GWK-Heft-16-Chancengleichheit.pdf. Zugegriffen: 23. August 2012.

Gemeinsame Wissenschaftskonferenz. 2011. Chancengleichheit in Wissenschaft und Forschung: Fünfzehnte Fortschreibung des Datenmaterials (2009/2010) zu Frauen in Hochschulen und außerhochschulischen Forschungseinrichtungen. http://www.gwk-bonn.de/fileadmin/Papers/GWK-Heft-22-Chancengleichheit.pdf. Zugegriffen: 7. August 2012.

Gemeinsame Wissenschaftskonferenz. 2012. Pakt für Forschung und Innovation: Monitoring-Bericht 2012. http://www.gwk-bonn.de/fileadmin/Papers/GWK-Heft-28-PFI-Monitoring-Bericht-2012.pdf. Zugegriffen: 16. November 2012.

Gläser, Jochen. 2006. *Wissenschaftliche Produktionsgemeinschaften: Die soziale Ordnung der Forschung*. Frankfurt/Main, New York: Campus.

Graf, Patricia, Kirsti Dautzenberg, Nadja Büttner, und Sylvia Schmid. 2011. Frauenkarrieren in der Wissenschaft: Eine vergleichende Analyse des Status quo. In *Frauen in den Naturwissenschaften: Ansprüche und Widersprüche,* Hrsg. Kirsti Dautzenberg, Doris Fay und Patricia Graf, 19-46. Wiesbaden: VS.

Graf, Patricia, und Sylvia Schmid. 2011. Organisationsstrukturen und ihr Einfluss auf die Karriereentwicklung von Wissenschaftlerinnen. In *Frauen in den Naturwissenschaften: Ansprüche und Widersprüche,* Hrsg. Kirsti Dautzenberg, Doris Fay und Patricia Graf, 59-96. Wiesbaden: VS.

Graf, Patricia. 2011. Erklärungsansätze der außerhochschulischen Forschungseinrichtungen zur Unterrepräsentation von Frauen. In *Frauen in den Naturwissenschaften: Ansprüche und Widersprüche,* Hrsg. Kirsti Dautzenberg, Doris Fay und Patricia Graf, 47-53. Wiesbaden: VS.

Graf, Patricia, Kirsti Dautzenberg, Nadja Büttner, und Sylvia Schmid. 2011. Frauenkarrieren in der Wissenschaft: Eine vergleichende Analyse des Status quo. In *Frauen in den Naturwissenschaften: Ansprüche und Widersprüche.* Hrsg. Kirsti Dautzenberg, Doris Fay, und Patricia Graf, 19-46. Wiesbaden: VS.

Green, Stephen G., Stella E. Anderson, und Sheryl L. Shivers. 1996. Demographic and Organizational Influences on Leader-Member Exchange and Related Work Attitudes. *Organizational Behavior and Human Decision Processes* 66 (2):203-214.

Griffeth, Rodger W., Peter W. Hom, und Stefan Gaertner. 2000. A Meta-Analysis of Antecedents and Correlates of Employee Turnover: Update, Moderator Tests, and Research Implications for the Next Millennium. *Journal of Management* 26 (3):463-488.

Gustafson, Joseph L. 2008. Tokenism in Policing: An Empirical Test of Kanter's Hypothesis. *Journal of Criminal Justice* 36 (1):1-10.

Heilman, Madeline E. 2001. Description and Prescription: How Gender Stereotypes Prevent Women's Ascent up the Organizational Ladder. *Journal of Social Issues* 57 (4):657-674.

Heinze, Thomas, und Nathalie Arnold. 2008. Governanceregimes im Wandel: Eine Analyse des außeruniversitären, staatlich finanzierten Forschungssektors in Deutschland. *Kölner Zeitschrift für Soziologie und Sozialpsychologie* 60 (4):686-722.

Högl, Martin, und Hans Georg Gemünden. 2001. Teamwork Quality and the Success of Innovative Projects: A Theoretical Concept and Empirical Evidence. *Organization Science* 12 (4):435-449.

Hohn, Hans-Willy, und Uwe Schimank. 1990. *Konflikte und Gleichgewichte im Forschungssystem. Akteurskonstellationen und Entwicklungspfade in der staatlich finanzierten außeruniversitären Forschung.* Frankfurt/Main, New York: Campus.

Holst, Elke, und Anne Busch. 2012. Spitzengremien großer Unternehmen: Hartnäckigkeit männlicher Strukturen lässt kaum Platz für Frauen. In *DIW Wochenbericht, 18.* Januar 2012, 3-12. Berlin: Deutsches Institut für Wirtschaftsforschung. http://www.diw.de/documents/publikationen/73/diw_01.c.391625.de/12-3.pdf. Zugegriffen: 14. Dezember 2012.

Hoobler, Jenny M., Grace Lemmon, und Sandy J. Wayne. Im Druck. Women's Managerial Aspirations: An Organizational Development Perspective. *Journal of Management.*

Hoobler, Jenny M., Grace Lemmon, und Sandy J. Wayne. 2011. Women's Underrepresentation in Upper Management: New Insights on a Persistent Problem. *Organizational Dynamics* 40 (3):151-156.

Hopf, Christel, und Christiane Schmidt. 1993. Zum Verhältnis von innerfamilialen sozialen Erfahrungen, Persönlichkeitsentwicklung und politischen Orientierungen: Dokumentation und Erörterung des methodischen Vorgehens in einer Studie zu diesem Thema. http://w2.wa.uni-hannover.de/mes/berichte/rex93.htm. Zugegriffen: 25. Oktober 2012.

Hopf, Christel. 1985. Fragen der Erklärung und Prognose in quantitativen Untersuchungen: Dargestellt am Beispiel der „Arbeitslosen von Marienthal". In *Soziologie und gesellschaftliche Entwicklung: Verhandlungen des 22. Deutschen Soziologentages in Dortmund 1984.* Hrsg. Lutz Burkart, 303-318. Frankfurt/Main, New York: Campus.

Hornborstel, Stefan. 1997. *Wissenschaftsindikatoren: Bewertung in der Wissenschaft.* Opladen: Westdeutscher Verlag.

Hüttges, Annett. 2010. Frauen und ihre Karriereentwicklung in naturwissenschaftlichen Forschungsteams: Ergebnisse der Onlinebefragung 2010. www.f-teams.ceip.de. Zugegriffen: 22. Oktober 2012.

Hüttges, Annett, Patricia Graf, Sylvia Schmid, und Doris Fay. 2011. Benachteiligung weiblicher Karrieren in der naturwissenschaftlichen Forschung? *Personal Quarterly* 63 (4):27-31.

Hüttges, Annett. 2011. Exkurs: Sichtbarkeit – Erfolgsfaktor für weibliche und männliche Wissenschaftskarrieren? In *Frauen in den Naturwissenschaften: Ansprüche und Widersprüche*, Hrsg. Kirsti Dautzenberg, Doris Fay und Patricia Graf, 63-66. Wiesbaden: VS.

Hüttges, Annett, und Doris Fay. 2011. Geschlechterdifferente (Wissenschafts-)Karrieren: Fakten, Theorien und Denkanstöße. In *Frauen in den Naturwissenschaften: Ansprüche und Widersprüche*, Hrsg. Kirsti Dautzenberg, Doris Fay und Patricia Graf, 11-18. Wiesbaden: VS.

Hüttges, Annett, und Doris Fay. 2013. One Size Fits All? Erfolgsfaktoren für männliche und weibliche Karrieren. *Personal Quarterly* 65 (1): 27-31.

Janesick, Valerie J. 2003. The Choreography of Qualitative Research Design: Minuets, Improvisations, and Crystallization. In *Strategies of Qualitative Inquiry*, Hrsg. Norman K. Denzin, und Yvonna S. Lincoln, 46-79. Thousand Oaks: Sage Publications.

Jansen, Dorothea, Andreas Wald, Karola Franke, Ulrich Schmoch, und Torben Schubert. 2007. Drittmittel als Performanzindikator der Wissenschaftlichen Forschung. *Kölner Zeitschrift für Soziologie und Sozialpsychologie* 59 (1):125-149.

Kahlert, Heike. 2012. Wissenschaft als Beruf? Karriereziele von Promovierenden und Promovierten am Beispiel der Fächer Politikwissenschaft und Chemie. *Femina Politica* 21 (1):154-157.

Kammeyer-Mueller, John D., und Timothy A. Judge. 2008. A Quantitative Review of Mentoring Research: Test of a Model. *Journal of Vocational Behavior* 72 (3):269-283.

Kanter, Rosabeth Moss. 1977. Some Effects of Proportions on Group Life: Skewed Sex Ratios and Responses to Token Women. *The American Journal of Sociology* 82 (5):965-990.

Kanter, Rosabeth Moss. 1993. *Men and Women of the Corporation*. New York: Basic Books.

Katzenbach, Jon R., und Douglas K. Smith. 1993. *The Wisdom of Teams: Creating the High-Performance Organization*. Boston/MA: Harvard Business School Press.

Katzenbach, Jon R., und Douglas K. Smith. 2003. *Teams: Der Schlüssel zur Hochleistungsorganisation*. Frankfurt/Main: Redline Wirtschaft bei Verlag Moderne Industrie.

Kauffeld, Simone. 2001. *Teamdiagnose*. Göttingen: Verlag für Angewandte Psychologie.

Kelle, Udo. 2007. Theoretisches Vorwissen und Kategorienbildung in der „Grounded Theory". In *Qualitative Datenanalyse: computergestützt*, Hrsg. Udo Kuckartz, Heiko Grunenberg, und Thorsten Dresing, 32-49. Wiesbaden: VS.

Kleinert, Corinna. 2011. Ostdeutsche Frauen häufiger in Führungspositionen. http://doku. iab.de/kurzber/2011/kb0311.pdf. Zugegriffen: 23. August 2012.

Knie, Andreas, und Dagmar Simon. 2009. Verlorenes Vertrauen? Auf der Suche nach neuen Governance-Formen in einer veränderten Wissenschaftslandschaft. In *Governance als Prozess. Koordinationsformen im Wandel,* Hrsg. Sebastian Botzem, Jeanette Hofman, Sigrid Quack, Gunnar Folke Schuppert, und Holger Straßheim, 527-545. Baden-Baden: Nomos.

Kohaut, Susanne, und Iris Möller. 2010. Frauen kommen auf den Chefetagen nicht voran. http://doku.iab.de/kurzber/2010/kb0610.pdf. Zugegriffen: 23. August 2012.

Konrad, Alison M., J. Edgar Ritchie, Jr., Pamela Lieb, und Elizabeth Corrigall. 2000. Sex Differences and Similarities in Job Attribute Preferences: A Meta-Analysis. *Psychological Bulletin* 126 (4):593-641.

Kreisky, Eva. 2006. Staat als Männerbund. In *Reader Feministische Politik & Wissenschaft: Positionen, Perspektiven, Anregungen aus Geschichte und Gegenwart,* Hrsg. Ingrid Kurz-Scherf, Imke Dzewas, Anja Lieb, und Marie Reusch, 186-189. Königsstein/Taunus: Ulrike Helmer.

Kuckartz, Udo. 2010. *Einführung in die computergestützte Analyse qualitativer Daten.* Wiesbaden: VS.

Kulik, Carol T., und Mara Olekalns. 2012. Negotiating the Gender Divide: Lessons from the Negotiation and Organizational Behavior Literatures. *Journal of Management* 38 (4):1387-1415.

Leemann, Regula J. 2002. *Chancenungleichheiten im Wissenschaftssystem.* Chur, Zürich: Rüegger.

Lengwiler, Martin. 2010. Kontinuitäten und Umbrüche in der deutschen Wissenschaftspolitik des 20. Jahrhunderts. In *Handbuch Wissenschaftspolitik,* Hrsg. Stefan Hornborstel, Andreas Knie, und Dagmar Simon, 13-25. Wiesbaden: VS.

Liden, Robert C., Sandy J. Wayne, und Dean Stilwell. 1993. A Longitudinal Study on the Early Development of Leader-Member Exchanges. *Journal of Applied Psychology* 78 (4):662-674.

Lind, Inken, und Andrea Löther. 2007. Chancen für Frauen in der Wissenschaft: Eine Frage der Fachkultur? Retrospektive Verlaufsanalysen und aktuelle Forschungsergebnisse. *Revue Suisse des Sciences de l'Éducation* 29 (2):249-272.

Loewenstein, Karl. 1982. *Kooptation und Zuwahl. Über die autonome Bildung privilegierter Gruppen.* Frankfurt/Main: Metzner.

Long, Norman. 1993. Handlung, Struktur und Schnittstelle: Theoretische Reflexionen. In *Entwicklungshilfe und ihre Folgen. Ergebnisse empirischer Untersuchungen in Afrika,* Hrsg. Thomas Bierschenk, und Georg Elwert, 217-248. Frankfurt/Main: Campus.

Luft, Joseph. 1969. *Of Human Interaction.* Palo Alto: National Press.

Luhmann, Niklas. 1977. Theoretische und praktische Probleme der anwendungsbezogenen Wissenschaft. In *Interaktion von Wissenschaft und Politik: Theoretische und praktische Probleme der anwendungsorientierten Sozialwissenschaften.* Hrsg. Wissenschaftszentrum Berlin, 16-39. Frankfurt/Main: Campus.

Matthies, Hildegard, und Karin Zimmermann. 2010. Gleichstellung in der Wissenschaft. In *Handbuch Wissenschaftspolitik,* Hrsg. Stefan Hornborstel, Andreas Knie und Dagmar Simon, 193-209. Wiesbaden: VS.

Mayring, Philipp. 2010. *Qualitative Inhaltsanalyse.* Weinheim, Basel: Beltz.

Merton, Robert K. 1985. Der Matthäus-Effekt in der Wissenschaft. In *Entwicklung und Wandel von Forschungsinteressen,* Hrsg. Robert K. Merton, Frankfurt/Main: Suhrkamp.

Metz-Göckel, Sigrid, Petra Selent, und Ramona Schürmann. 2010. Integration und Selektion. Dem Dropout von Wissenschaftlerinnen auf der Spur. *Beiträge zur Hochschulforschung* 1/2010:8-35.

Mey, Günter, und Katja Mruck (Hrsg). 2011. *Grounded Theory Reader.* Wiesbaden: VS.

Mohrman, Susan A., Susan G.Cohen, und Allan M. Mohrman. 1995. *Designing Team-Based Organizations.* San Francisco: Jossey-Bass.

Moss-Racusin, Corinne A., John F. Dovidio, Victoria L. Brescoll, Mark J. Graham, und Jo Handelsman. 2012. Science Faculty's Subtle Gender Biases Favor Male Students. http://www.pnas.org/content/early/2012/09/14/1211286109.long. Zugegriffen: 5. Oktober 2012.

Muhr, Thomas, und Susanne Friese. 2001. Computerunterstütze qualitative Datenanalyse. In *Wie kommt Wissenschaft zu Wissen? Einführung in die Forschungsmethodik und Forschungspraxis,* Hrsg. Theo Hug, 380-399. Baltmannsweiler: Schneider Verlag Hohengehren.

Ng, Thomas W. H., Lillian T. Eby, Kelly L. Sorensen, und Daniel C. Feldman. 2005. Predictors of Objective and Subjective Career Success: A Meta-Analysis. *Personnel Psychology* 58 (2):367-408.

O'Neill, Olivia A., und Charles A. O'Reilly III. 2011. Reducing the Backlash Effect: Self-Monitoring and Women's Promotions. *Journal of Occupational and Organizational Psychology* 84 (4):825-832.

Peters, B. Guy. 2006. The Search for Coordination and Coherence in Public Policy: Return to the Center? http://userpage.fu-berlin.de/ffu/akumwelt/bc2004/download/peters_f.pdf. Zugegriffen: 19. November 2012.

Post, Corinne, Nancy DiTomaso, George F. Farris, und Rene Cordero. 2009. Work-Family Conflict and Turnover Intentions among Scientists and Engineers Working in R&D. *Journal of Business Psychology* 24 (1):19-32.

Rey-Rocha, Jesús, Belén Garzón-García, und M. José Martín-Sempere. 2006. Scientists' Performance and Consolidation of Research Teams in Biology and Biomedicine at the Spanish Council for Scientific Research. *Scientometrics* 69 (2):183-212.

Rosenstiel, Lutz von. 2003. *Grundlagen der Organisationspsychologie: Basiswissen und Anwendungshinweise.* Stuttgart: Schäffer-Poeschel.

Roth, Philip L., Maury A. Buster, und Janet Barnes-Farrell. 2010. Work Sample Exams and Gender Adverse Impact Potential: The Influence of Self-Concept, Social Skills, and Written Skills. *International Journal of Selection and Assessment* 18 (2):117-130.

Roth, Philip L., Kristen L. Purvis, und Philip Bobko. 2012. A Meta-Analysis of Gender Group Differences for Measures of Job Performance in Field Studies. *Journal of Management* 38:719-739.

Rudman, Laurie A. 1998. Self-Promotion as a Risk Factor for Women: The Costs and Benefits of Counterstereotypical Impression Management. *Journal of Personality and Social Psychology* 74 (3):629-645.

Scharpf, Fritz. 2000. *Interaktionsformen: Akteurszentrierter Institutionalismus in der Politikforschung.* Opladen: Leske und Budrich.

Schmidt, Christiane. 2010. Auswertungstechniken für Leitfadeninterviews. In *Handbuch Qualitative Forschungsmethoden in der Erziehungswissenschaft,* Hrsg. Barbara Friebertshäuser, Antje Langer, und Annedore Prengel, 573-486. Weinheim, München: Juventa.

Schubert, Torben, und Ulrich Schmoch. 2010. Finanzierung der Hochschulforschung. In *Handbuch Wissenschaftspolitik,* Hrsg. Stefan Hornborstel, Andreas Knie und Dagmar Simon, 244-261. Wiesbaden: VS.

Schuler, Heinz (Hrsg). 2006. *Lehrbuch der Personalpsychologie.* Göttingen: Hogrefe.

Steinke, Ines. 2007. Qualitätssicherung in der qualitativen Forschung. In *Qualitative Datenanalyse: computergestützt,* Hrsg. Udo Kuckartz, Heiko Grunenberg und Thorsten Dresing, 176-187. Wiesbaden: VS.

Tashakkori, Abbas, und Charles B. Teddlie. 1998. *Mixed Methodology: Combining Qualitative and Quantitative Approaches: Applied Social Research Methods.* Thousand Oaks: Sage Publications.

Tashakkori, Abbas, und Charles B. Teddlie. 2003. Mayor Issues and Controversies in the Use of Mixed Methods in the Social and Behavioral Sciences. In *Handbook of Mixed Methods in Social & Behavioral Research,* Hrsg. Abbas Tashakkori, und Charles B. Teddlie, 3-50. Thousand Oaks: Sage Publications.

Torka, Marc. 2006. Die Projektförmigkeit der Forschung. *Die Hochschule* 1:63-83.

Verbeck, Alexander. 2001. *Kooperative Innovation: Effizienzsteigerung durch Team-Management.* Zürich: VDF Hochschulverlag.

Warr, Peter B. 2008. Work Values: Some Demographic and Cultural Correlates. *Journal of Occupational & Organizational Psychology* 81 (4):751-775.

Wegge, Jürgen. 2004. *Führung von Arbeitsgruppen.* Göttingen: Hogrefe.

Xu, Yonghong Jade. 2008. Gender Disparity in STEM Disciplines: A Study of Faculty Attrition and Turnover Intentions. *Research in Higher Education* 49 (7):607-624.

The manufacturer's authorised representative in the EU is Springer Nature Customer Service Centre GmbH, Europaplatz 3, 69115 Heidelberg, Germany. If you have any concerns regarding our products, please contact ProductSafety@springernature.com

Printed and bound by CPI Group (UK) Ltd, Croydon, CR0 4YY

23/04/2026

02095638-0005